本书受到云南省哲学社会科学学术著作出版专项经费资助

|光明社科文库|

麻栗坡壮族语言生态研究

赵丽梅　陆明鹏◎著

光明日报出版社

图书在版编目（CIP）数据

麻栗坡壮族语言生态研究 / 赵丽梅，陆明鹏著 . -- 北京：光明日报出版社，2023.5

ISBN 978-7-5194-7227-6

Ⅰ. ①麻… Ⅱ. ①赵… ②陆… Ⅲ. ①壮语—民族语言学—生态学—研究 Ⅳ. ① H218

中国国家版本馆 CIP 数据核字（2023）第 089011 号

麻栗坡壮族语言生态研究
MALIPO ZHUANGZU YUYAN SHENGTAI YANJIU

著　　者：赵丽梅　陆明鹏	
责任编辑：史　宁	责任校对：许　怡　乔宇佳
封面设计：中联华文	责任印制：曹　净

出版发行：光明日报出版社
地　　址：北京市西城区永安路 106 号，100050
电　　话：010-63169890（咨询），010-63131930（邮购）
传　　真：010-63131930
网　　址：http://book.gmw.cn
E - mail：gmrbcbs@gmw.cn
法律顾问：北京市兰台律师事务所龚柳方律师
印　　刷：三河市华东印刷有限公司
装　　订：三河市华东印刷有限公司
本书如有破损、缺页、装订错误，请与本社联系调换，电话：010-63131930

开　　本：170mm×240mm
字　　数：222 千字　　　　　　　印　　张：14.5
版　　次：2023 年 5 月第 1 版　　印　　次：2023 年 5 月第 1 次印刷
书　　号：ISBN 978-7-5194-7227-6
定　　价：89.00 元

版权所有　　翻印必究

序

翻开此书，被作者高度的社会责任感、务实的科研态度和强烈的问题意识所吸引。本书主题鲜明，彰显了"文化认同是民族团结的根脉"之理念，充分展示了云南文山壮族丰富多彩的文化内涵，全面探寻了麻栗坡壮族语言发展的脉络，深度解读了语言生态学的学术价值，真切反映了民族语言研究者的深度思考。

综合起来，本书具有如下五个方面的鲜明特点：

第一，强烈的时代感。

2019年，在全国民族团结进步表彰大会上，习近平总书记强调，各民族在文化上要相互尊重、相互欣赏、相互学习、相互借鉴。也就在这一年，该项目结题，作者把对在云南文山麻栗坡调查中获得的大量一手资料多角度呈现出来，并发出"如何在经济发展和保持特色的碰撞中找到一个平衡的支点？如何在对汉文化的渴求中继续保持对本族文化的热爱？这一切值得每一位语言工作者深思，再深思！"的呼声，用实际行动响应国家的号召。

第二，夯实的学术性。

犹如生态学的研究离不开生物及其环境的彼此联系，语言学的研究同样存在于语言及其所在族群的自然与人文环境的关系之中。该书通过大量的文献梳理和分析，对生态学与生态语言学的联系进行交叉对比，围绕生态学渊源、传统语言学流派里的生态意识、生态语言学概念的提出、生态语言学的基础理论和主要研究领域进行论述，旨在对生态语言学的内涵和意义做出较为详细的解读，整个论述过程思路清晰、深入浅出。

第三，严肃的科学性。

语言生态环境本应顺应语言的自然消长，但大量介入的人类活动破坏了语言生态的平衡，使语言陷入濒危的境地。为了探索濒危语言的具体原因和一般规律，为了探求保护与挽救少数民族语言与文化的途径，作者走乡串寨，深入到100多个少数民族家庭，通过同吃同住，体验当地的自然地貌、民风民俗、经济文化、教育资源、家庭生活等，从语言意愿、语言态度、语言情感和语言本体等方面展开调查，对语言宏观和微观环境进行全面与综合的分析，整个调研过程一丝不苟、求真务实。

第四，宝贵的参考性。

本书综合了语言学、生态学、社会学、民族学等学科的理论与方法，着眼于文山麻栗坡壮族分支——布侬支系的语言发展研究，但不仅限于此，作者因地制宜，对田野调查里收集到的大量宝贵的一手资料进行汇集和描述，对包括文字与文学，民间歌舞、体育，家庭教育，生活形态，村落和节庆习俗，宗教与禁忌民俗在内的麻栗坡壮族传统文化进行生动再现。

同时，为了增加语言调查的真实性和价值感，作者分别参考《藏缅语族语言词汇调查大纲》和《中国田野语言学概要》，从"天文地理，人体器官，人物亲属，动植物，用品工具，方位，时间，数量，代替、指示、疑问，性质，状态，动作行为"十一方面常用词汇，和"语言调查工作用语、日常劳作出行、日常饮食起居，人事交际"四方面144句常用句型，以及一个壮语小故事，对两位不同年龄段、具有代表性的壮族进行录音和记音。另外，在问卷调查之外，还对当地基层村委会主任进行语言访谈并做了细致而真实的语音记录。更难得可贵的是，分别从声母、韵母、声调和构词法、借词、词法（名词、代词、数词、量词、形容词、动词、介词），以及声类对应等方面，对麻栗坡壮语做出专业而细致的分析研究。这些成果可作为供民族学、语言学、民族语言学者参考的资源。

第五，生动的可读性

本书虽然以语言调查为主线，但不给人呆板生硬之感，整个记述过程准确，笔墨生动、有点有面、论证细致、创意新颖，特别是在调查中拍摄了能反映民族风貌和调查过程的照片，能让读者在趣读中增加视觉感受，获得真实体验。

文化是民族的魂魄，中华文化是各民族文化的集大成，只有各族文化的交相辉映，中华文化才能历久弥新。本书的出版是对少数民族文化的保护与发展，为"中华民族一家亲，同心共筑中国梦"的凝聚贡献了一份绵薄之力，反映出两位少数民族学者的一心向学、民族自信与社会担当。

是为序。

杨光远

2022 年 9 月 22 日

目 录
CONTENTS

第一章 引 言 1
 第一节 概 论 1
 第二节 研究背景 2
 第三节 研究内容 4
 第四节 研究步骤 5
 第五节 调查设计 7

第二章 语言生态学的理论探讨 9
 第一节 生态学溯源与研究意义 9
 第二节 语言生态学的形成与发展 12
 第三节 语言生态学的概念内涵 18
 第四节 语言生态学的主要研究领域 20

第三章 我国少数民族语言的生存现状 25
 第一节 语言生态环境概述 25
 第二节 宏观语言生态环境 27
 第三节 微观语言生态环境 31

第四章 调查点的自然与人文环境 36
 第一节 自然环境概况 36
 第二节 人文环境概况 38

1

第三节　麻栗坡壮族文化调查 …………………………… 41

第五章　布侬支系语言使用现状调查与分析 ………………… 63
　　　第一节　布侬支系及其语言概述 …………………………… 63
　　　第二节　调查概况 …………………………………………… 64
　　　第三节　语言选择状况调查 ………………………………… 67
　　　第四节　布侬支系常用词汇与语句调查 …………………… 80

第六章　麻栗坡壮语研究 ……………………………………… 97
　　　第一节　壮语研究概况 ……………………………………… 97
　　　第二节　语音系统 …………………………………………… 99
　　　第三节　声类对应 …………………………………………… 105
　　　第四节　词汇 ………………………………………………… 140
　　　第五节　词法 ………………………………………………… 148

第七章　布侬支系语言生态环境的调查与改善 ……………… 173
　　　第一节　宏观语言生态环境的调查与分析 ………………… 173
　　　第二节　微观语言生态环境的调查与分析 ………………… 189
　　　第三节　调查发现 …………………………………………… 194
　　　第四节　改善语言生态环境的举措 ………………………… 197

第八章　结语 …………………………………………………… 202

参考文献 ………………………………………………………… 205

附　录 …………………………………………………………… 210

后　记 …………………………………………………………… 219

第一章 引 言

第一节 概 论

麻栗坡县位于云南省文山壮族自治州东南部,居住着壮、汉、苗、瑶、彝、蒙古、傣、仡佬等民族,是典型的多民族杂居县,主要人口以壮族为主。当地壮族被划归为侬、沙、土三大支系。各支系因地域、服饰和语言等的差异有不同的自称和他称。其中,居住在畴阳河两岸的壮族被称为"侬族"或"侬人",他们与周边其他民族形成了大杂居、小聚居、交错居住的民族分布特点,可以作为语言生态环境研究的范例。同时,麻栗坡是云南通往越南及东南亚地区取道最直、里程最短的陆路通道,是云南对外开放的前沿和重要通商口岸。对当地语言生态环境的调查与研究可在一定程度上为当地政府的生态文明建设提供参考,也可为促进边境地区的稳定发展提供新的观察视角。

基于以上学术价值与社会意义,这一论著紧扣语言生态学理论,采用文献法、直接观察法、问卷法、访谈法和数据分析法,多方面收集资料,对麻栗坡壮族的自然环境、社会、经济、教育、家庭等宏观因素及语言意愿、语言态度、语言情感和语言本体等微观因素进行详细调查,旨在对麻栗坡壮族的语言生态环境进行综合分析,总结其中的变化特点和一般规律,并对本族语的发展趋势进行预测,以期通过多维度调查与细致分析,为改善麻栗坡壮族支系的语言生态环境做出积极而有效的建议。

第二节 研究背景

学界普遍认为，语言生态学或生态语言学（Ecology of Language, Ecolinguistics）有两个范式，一个是美国语言学家豪根（Einar Haugen）开创的 Haugen 范式（Haugenian Dogma），重点研究社会环境对语言的作用，其中，"生态"（ecology）一词为隐喻；另一个是英国当代语言学家韩礼德（M. A. K. Halliday）开启的 Halliday 范式（Halliday Dogma），重点研究语言对生态的直接影响，其中，"生态"（ecology）一词取其实意。本书讨论的是 Haugen 范式。

顾名思义，语言生态学（生态语言学）是以语言生态或生态语言为研究对象的一门新兴语言学科，最早可追溯到美国人类学家 A. L. Kroeber、美国语言学家 M. B. Emeneau 和美国语言学家兼人类学家戴尔·海姆斯（Dell Hymes）等的研究，而首次将它系统提出的是20世纪70年代初美国哈佛大学语言学教授 Haugen，至今不过40多年的历史。

语言生态学本质上是一门交叉学科，关于它的学科归属，英国哈特曼和斯托克合著的《语言与语言学词典》里认为：语言生态学是"指在人种语言学、人类语言学和社会语言学这些领域中，对语言和环境之间相互作用的研究"[1]。实际上，这门学科综合了生物学、历史学、社会学、人类学和语言学等学科的研究方法与范式，在语言的定义、功能、关系以及研究方法等方面对传统语言学提出了挑战。通过进一步探索语言的本质与特征、功能与作用，语言生态学旨在帮助人们修正语言态度，完善语言规划与政策，更为科学合理地处理语言与语言、语言与社会、语言与文化、语言与国家民族以及语言与人类文明可持续发展之间的关系。

语言生态学提出初期并没有引起学术界重视。直到20世纪90年代，随着

---

[1] 哈特曼，斯托克.语言与语言学词典[M].上海：上海辞书出版社，1981：11.

学科交叉研究的蓬勃发展以及人们对加速进展的全球化给民族语言文化造成强大冲击的深入思考，这门学科才被推到前沿，成为国际众多专家、学者关注的热点。国际语言学会多次举行"语言生态学"专题研讨，互联网上出现多个语言生态学网站或论坛，相关成果大量涌现，其中，"博纳德·斯波斯基的论著《语言政策——社会语言学的重要论题》介绍了豪根、C.弗格林、M.弗格林、舒茨、特瑞姆等学者的语言生态观念"[①]，可以为了解西方语言生态学的研究提供重要参考。（本书第二章将论述相关代表性人物与研究。）

在中国，文化语言学、社会语言学与民族语言学领域长期高度重视语言与社会环境的问题，可以说是语言生态学研究的摇篮。在国外学者的影响下，近30年来，语言生态学在中国语言学界得到越来越多的关注，取得了大量可喜的成绩：李国正在《语文导报》发表论文《生态语言系统说略》（1987年），率先提出用语言生态学的理论和方法研究语言问题；蔡永良出版的《语言失落与文化生存（2010年）》强调了语言生态环境和语言生态环境的平衡问题；冯广义于2013年在人民教育出版社出版的《语言生态学引论》是我国第一部具有普通语言学意义的语言生态学著作，在构建具有我国特色的语言生态学学科体系方面进行了初步尝试，对于语言生态和当前生态文明建设的关系具有很强的现实意义。此外，袁焱的《语言接触与语言演变》（2001年），邵宜的《语言与语言生态研究》（2012年），郭嘉等的《语言演化生态学》（译）（2012年）等著作，以及张公瑾的文章《语言的生态环境》（2001年），冯广义的一系列论文，如《生态文明建设中的语言生态问题》（2008年）、《关于语言生态学的研究》（2010年）、《语言生态学的性质、对象和研究方法》（2011年）等，范俊军的论文，如《生态语言学研究述评》（2005年）、《我国语言生态危机的若干问题》（2005年）等也为推动语言生态学在国内的发展做出了积极的贡献。

在各种语言现象中，语言生态学对于濒危语言的研究具有尤为重要的学术价值和现实意义。2009年，联合国教科文组织完成"全球濒危语言分布"，第一次用"语言地图"和具体数据向世界告急：语言消失的速度远超动物的

---

① 冯广义.语言生态学引论[M].北京：人民出版社，2013：19.

灭绝速度。至此，世界范围内掀起从语言生态学视角研究濒危语言的热潮。国内学者成绩斐然：黄行的《中国少数民族语言活力研究》(2000年)、徐世璇的《濒危语言研究》(2001年)、戴庆厦的《中国濒危语言个案研究》(2004年)、李锦芳的《西南地区濒危语言调查研究》(2006年)、白碧波和许鲜明的《撒都语研究》(2012年)和《搓梭语研究》(2015年)等著作，都是从语言生态学视角研究中国少数民族濒危语言的范例。

尽管国内外硕果累累，但作为一门新兴的语言学科，语言生态学从其诞生到发展只经历了短暂的历程，对它学科理论、性质、内容和方法等的研究尚处于不断探索的阶段，所以，如何在生态文明建设的浪潮中，充分发挥这门学科的作用有待更多学者的共同努力。

第三节　研究内容

本书的研究思路是：首先，阅读并梳理文献，掌握语言生态学的历史进程、概念内涵、核心思想与研究领域等。其次，综合分析我国少数民族语言的生存现状。再次，选择麻栗坡村寨作为调查点，调查当地壮族支系的生存环境。之后，设计调查问卷和访谈内容，对当地壮族支系的宏观和微观语言环境进行调查分析。同时，通过田野调查，收集一手材料并进行分类描述，对麻栗坡壮族文化和语言做出深入研究。最后，基于调查发现，对改善当地壮族支系的语言生态环境提出具体建议。

全书共分八章。第一章是引言，主要梳理国内外研究动态，介绍研究背景、研究内容、研究步骤和调查设计等，对研究进行纲领性概述。第二章对语言生态学的历史进程、概念内涵、学科意义、基本理论、基本特征和研究领域等进行逻辑论证，为研究的理论依据做出合理解释。第三章围绕宏观语言生态环境和微观语言生态环境的具体内容对我国少数民族语言的生存现状做出反思，为研究重点厘清思路。第四章对调查点选择原因、调查点的自然与人文环境展开调查，同时，从民间文学与文字、歌舞、体育、家庭教育形态、传统村落习俗、节庆习俗和宗教与禁忌民俗等八个方面，对调查中获得的麻栗坡壮族的民间文化进行描述，多角度呈现研究对象的语言生存环境。第五章对调查对象及其语言概况进行描述，对调查对象的语言选择状况进行详细调查，同时，分别参考《藏缅语族语言词汇调查大纲》和《中国田野语言学概要》，从"天文地理，人体器官，人物亲属，动植物，用品工具，方位，时间，数量，代替、指示、疑问，性质、状态，动作行为"十一方面常用词汇，和"语言调查工作用语、日常劳作出行、日常饮食起居，人事交际"四方面144句常用句型，以及一个壮语小故事，对两位不同年龄段、具有代表性的壮族进行录音和记音，多方式还原麻栗坡壮族的语言使用现状。第六章从声母、韵母、声调和构词法、借词、词法（名词、代词、数词、量词、形容词、动词、介词），以及声类对应等方面，对麻栗坡壮语做出专业而细致的分析研究。第七章从宏观语言生态环境（人口、文化、经济、教育、媒体环境因素）和微观语言生态环境（语言态度、语言情感等）进行调查统计和分析论证，在调查发现的基础上，从调动本民族内因和调动社会力量外因的角度，对改善麻栗坡壮族的语言生态环境做出详细建议。第八章是结论，对本书的研究发现与研究贡献做出梳理与总结。

第四节 研究步骤

本书涉及语言使用、语言选择、语言态度、文化认同和语言本体的研究，在调查和分析方法上需要综合运用多种语言学研究方法，主要是文献法、直接观察法、问卷法、访谈法和数据分析法。

第一，通过搜集、鉴别、整理文献并对文献进行细致阅读，形成对研究过程的科学认识。研究中主要涉及三个方面的文献内容：语言生态学的历史进程、概念内涵、核心思想与研究领域等；我国少数民族语言的生存现状；麻栗坡壮族支系所处的自然环境、人文环境和独特的民族生活与文化。

第二，在正式进行问卷编写和语料收集前，选定了目标区域和人群，进行了历时一个月的直接观察，即深入家庭、学校、集市、职能部门等场所，以不打扰、不介入的方式观察并记录调查对象在真实情景中的语言使用，根据观察所得，设计调查问卷和访谈问题。

第三，研究设计和使用的调查问卷包含四个方面的内容。第一部分为调查对象的个人信息，包含性别、年龄、职业、文化程度、本族语、第二语言。第二部分是基于直接观察的语言选择问卷，实地调研的直接观察发现：在两个被调查的自然村里，村民主要使用双语——壮语和汉语。根据结果，设计出本族语和汉语使用的调查问卷。此部分问卷包含本族语与汉语使用能力对比、不同人群（性别差异、年龄差异、文化程度差异、职业差异、语域差异）语言选择等。第三部分为语言态度问卷。语言态度指不同职业、不同年龄的居民对本族语、兼用语的态度，包括对保存或丢失本族语有何想法，对保存本族语、掌握兼用语重要性的认识，对本族语和兼用语的关系持何种态度，对目前语言使用情况的看法等。基于以上认识，作者认为：本族语的活力取决于本民族是否对自己的语言有积极认同和主动维护的态度，在与汉语比较的过程中，是否认为本族语依然具有存在价值并能够被掌握，是否可以作为稳定民族团结和传承民族文化的尺度等。由此，作者既对所有调查对象设计了相关问题，又对会本族语的人单独设计了问题（主要进行语言情感调查）。第四部分，选择本地本族语发音人，记录本族语常用词汇、语法例句和部分口头文化，为进一步的研究做铺垫。

第四，为了获取语料的自然性，作者对麻栗坡八布乡羊皮寨村村委会主任进行访谈。主任34岁，属于土生土长的壮族布依支系、双语使用者、基层干部，具有一定的代表性，对他的访谈可以在很大程度上佐证研究的调查结果。

第五，作者将通过问卷调查获得的结果绘制成数据，之后，利用描述型分析，阐明当地壮族支系语言使用的现状分布；利用诊断型分析，解释数据分布原因；利用预测型分析，对本族语的发展趋势进行预测。

第五节 调查设计

一、调查点的选择

麻栗坡县辖4镇7乡93个村委会9个社区43个居民小组1914个村民小组，全县面积为2357平方千米。选择调查点时，作者考虑到大语种和小语种、聚居语言与杂居语言、边疆语言与内地语言等的关系，选择离政府所在地10千米处隶属麻栗镇盘龙村委会的新岔河村和离政府所在地25千米处隶属麻栗坡县八布乡的羊皮寨村作为调查点，这样较为微观的个案便于深入调查，获得真实体验与鲜活语料。（两村的具体情况见第四章。）

二、调查前准备

（1）制订调查计划，包括调查目的的设定，调查法的设计，调查阶段的划分，调查成果的质量要求，调查工作的分工等。

（2）收集相关的参考文献，包括语言生态学、壮族文化、麻栗坡县志、语言调查等方面文献。

（3）设计调查图表，包括麻栗坡壮族布侬支系语言使用情况、家庭（代际）语言使用情况、不同场合语言使用情况、语言观念调查、访谈问卷、词汇能力测试表等。所制定的图表，做到目的明确，一目了然，避免含混，便于操作。图表、照片附必要的文字说明。

（4）仪器的准备，包括电脑、录音机、摄像机、照相机等。

（5）成员的培训，参加调查的成员在出发前必须进行培训。培训的要求：明确调查的目的和要求；掌握调查方法（包括与不同年龄被调查者的交流、发音人的语料使用与录音、访谈、拍照主题、整理材料等）；明确分工等。

（6）经费预算。包括交通费、住宿标准、餐饮费、调查材料制作费和调查开支等。

（7）到学校校办开证明，与调查点的当地政府取得联系，获取支持。

三、调查中的注意事项

作者率队进入调查点，按计划进行调查，广泛搜集第一手资料，调查成员定时交流调查心得，商讨、解决存在问题，并在调查中不断完善调查方案，使其更符合客观实际。

离开调查点之前，把所有材料，包括手稿、音档、图片等整理好带回。调查材料要注明出处（包括姓名、年龄、性别、文化程度、职业、联系地址、电话、记录时间等），并分门别类保存好。逐一核对有记音的语料。

第二章 语言生态学的理论探讨

第一节 生态学溯源与研究意义

中世纪的神学世界观认为：人是宇宙的中心，人可以征服、利用和统治自然界。这一盛行的"人类中心论"思想推动人类同自然界作斗争，自然界处于被支配和被统治的地位。特别在进入20世纪后，随着工业化进程加快，经济迅猛发展，人口急剧增长，自然资源被无度开发，自然环境被肆意污染，乱捕滥猎、乱砍滥伐、毁林造田等猖獗行为导致生态环境惨遭破坏，人类生存危机四伏。可见，摆脱"人类中心论"的价值观念，建立人与自然和谐相处的世界观迫在眉睫。由此，研究生态现象及其规律的生态学得以重视和发展，除生物个体、种群和生物群落外，研究范围扩大到包括人类社会在内的多种复合系统。

一、生态学的内涵思想

"生态"在当今社会是一个耳熟能详的词。《现代汉语》将其解释为"生物在一定的自然环境下生存和发展状态，也指生物的生理属性和生活习性"[①]。从这个定义，可以看到"生态"本质上是"生物"与"环境"的关系。由此

[①] 现代汉语词典（第五版）[M].北京：商务印书馆，2006：1220.

衍生的"生态学"也正是这一关系的组合。根据词源学,"生态学"(ecology)是德语词"Ökologie"的英语形式。"Ökologie"可以被拆分为希腊词"oikos"和希腊词根"-logos",前者表示"房屋、家",后者表示"研究",二者意思合起来即为"关于住所的研究"。1866年,德国博物学家恩斯特·海克尔(Ernst Haeckel)在《生物体普通形态学》论著中首创"Ökologie"一词并把它定义为"研究动物与其有机及无机环境之间相互关系的科学",从此,揭开生态学研究的序幕。

沿着恩斯特的科学思想,更多生态学家在科学考察的基础上,提出并阐述了食物链、生态位、生物量、生态系统等核心概念和相关论点,生态学逐步成为具有特定研究对象、研究方法和理论体系的独立学科。通过研究生物生存条件、生物及其群体与环境相互作用的过程及其相互规律,生态学对于指导人与生物圈(自然、资源与环境)的协调发展具有重大意义,发展至今,其内涵和外延得以极大拓展,以下五个方面对于其他的科学研究具有深远的影响:

第一,生态学强调整体观,在研究中始终把不同层次的研究对象作为一个生态整体来对待,注意其整体生态特征。美国学者卡洛琳·麦茜特强调:"生态共同体的每一部分、每一小环境都与周围生态系统处于动态联系之中。处于任何一个特定的环节的小环境的有机体,都影响和受影响于整个由生命和非生命环境组成的网。"[①]

第二,生态学强调研究的层次性,不仅要求研究在某一层次上的生物与环境之间的关系,而且还要研究其邻近层次的结构、功能及运动规律,以确保研究的准确性和科学性。

第三,生态学强调系统的研究方法,通过野外调查、实验分析、模型分析以及生态网络等方式对生物和环境之间相互关系的研究,形成了一种方法论体系。

第四,生态学强调研究的综合观,不仅包含许多科学内容,又与遗传学、生理学、进化论、行为学等相互交叉,同时还大量吸收了物理学、化学等其

---

① 卡洛琳·麦茜特.自然之死——妇女、生态和科学革命[M].吴国盛,等译.长春:吉林人民版社,1999:110.

他自然科学的研究方法和思维方式，吸取系统论、控制论、信息论、协同论、突变论、耗散结构理论等新理论、新概念和新方法，体现了明显的综合观。

第五，生态学强调进化观，把各种生命的各层次及其整体特性和系统功能都视为生物与环境长期协同进化的产物。

总之，正如建设性后现代主义思想家弗里德里克·费雷的观点：在这种生态学中，包含着全新的科学思维的种子正在萌发，它把复杂性作为它的领域，把综合性当作它的认识目标。生态学不仅需要精确性，而且需要以现代的分析方法作为自己的工具，它的本性和任务要求它必须始终重视巨大而复杂的生态系统相互作用的有机体及其无机环境，它的基本目的就是要理解整个生命系统。

生态学已经形成了从整体上分析问题、解决问题的新思想、新方法，不仅在生态学研究中被广泛应用，也为人们提供了观察分析复杂多变的组织、社会、经济、政治等管理对象的工具，从而为人们在更广泛的范围内进行科学的思考、判断和决策提供了一个动态的研究范式。事实证明：生态学体系自身的合理性以及在解决实际问题上的有效性，正引导人们接纳生态学思想，借用生态学方法处理相关问题，充分显示了生态学的生命活力。

二、生态学与社会科学的有机融合

正如自然界各有机体之间，社会现象、社会行为和社会过程之间始终处于相互联系与动态发展之中，它们是社会科学的研究对象；正如对自然界各有机体的研究是为了使其和谐共存，社会科学的意义是对时代提出的重大问题进行研究，有效促进社会的良性运行和健康发展。所以，无论是从研究对象还是从研究意义分析，生态学对整体性把握和层次性实证分析的强调，以及从个体生态、群体生态、生态系统、人类生态的探讨范式，都可以从不同层面为社会科学研究提供可用的思路和框架。具体而言，主要有两方面的表现：

首先，20世纪中期以来，由于人们长期对自然规律的忽视和对生态因素的淡漠，政府的决策、企业的发展、法律法规的制定、伦理观念的形成和日常生活的行为无一不存在突出的生态缺位问题，由此引发全球性资源破坏、环境恶化与生物多样性减少等生态危机，这一危机促使人们深刻反省。正如美国历史学家唐纳德指出："我们生态依赖性的全部含义正渗入经济界和政界领导的头脑中，而且，他们正逐步背离自己雄心勃勃的关于征服地球和免受自然界力量侵害的宣言。"①为了社会健康、持续、稳定和全面的发展，社会科学研究领域越来越重视生态意识的培养。

其次，在经济高度发展和社会化大大加速的今天，人与人之间、人与自然之间呈非线性联系，地方经济、文化观念和政治活动等众多因素构成推进或制约社会发展的生态环境，社会问题的解决需要借鉴生态学理论。只有从生态学视角，通过整体观、结构观、综合观、进化观和系统论，把人与自然环境、人与社会环境、人与自我之间的关系作为一个生态整体来对待并考察这些因素的层次、结构与彼此之间的相互影响，社会科学研究才能为寻求人与社会及环境之间的良性发展提供大量可资借鉴的模式。

最后，虽然生态学理论不能解释和帮助解决所有的社会问题，但通过现象类比，把生态学核心概念移植到具体的社会现象中，可以刷新社会科学研究的视角、思路和研究范围。如今，"生态"概念已被赋予崭新意义并被提升到人类文明的高度，"生态文化""生态经济""生态伦理""生态政治""生态文明"等概念不断涌现，生态经济学、生态教育学、生态美学、生态文艺学、生态心理学等新的边缘学科相继产生。由于语言学的每一步发展都与社会主流文化息息相关，所以，显示出蓬勃生机的生态文化也必然对语言学研究带来全新而深远的影响。

第二节　语言生态学的形成与发展

在人类社会发展进程中，语言产生于生活的需要，形成于特定的环境，特定的环境必然给语言打上特定的烙印，所以，探讨语言问题不可能脱离环

---

① 唐纳德·沃斯特.自然的经济体系——生态思想史[M].侯文蕙，译.北京：商务印书馆，1999：181.

境。正如生态学探究生物与其环境的相互依存关系,语言学研究同样存在于语言与所在族群、社会、文化及地理环境的关系之中,因此,"语言生态学"的形成绝非偶然。

一、传统语言学流派里的生态意识

通观语言学的发展,传统上,每一阶段的研究成果都为语言生态学的形成提供了坚实的理论基础。

19世纪初,德国语言学家洪堡特指出:"语言是人这一有机生命体在感性和精神活动中的直接表现,所以语言也很自然地具有一切有机生命体的本性。"[①]他还指出:"语言是人类生物能力的一部分,语言应被视为人的天赋属物。"[②]同一时期,另一位德国语言学家奥古斯特·施莱歇尔在论文《达尔文理论与语言学》中也声明:达尔文研究动物和植物的方法基本适用于语言历史的研究。具体而言,"语言有机体与自然有机体有诸多相似点,语言也要经历生、长、老、死的生物生命过程。从这个意义上说,语言发展的规律与生物进化的过程是一样的"[③]。基于"语言学理论符合进化论观点"的思想,奥古斯特把语言与生物形式进行类比,借用生物学对植物分类的方法研究语言的历史亲属关系,把当时存在的语言按其共有特点(如词汇的一致性、符合音变规律等)分成语系、语族、语支,为每个语系、语族找出一个"母亲",然后追溯始源语,最终画出了印欧语系的谱系树形图,揭示了语言体系中的生态规律。由此可见,语言的有机性和语言发展的生态规律在历史比较语言学阶段得以直接讨论和实践。

1912年,美国语言学家萨丕尔指出:"语言的词汇才能最清楚地反映讲话者的自然和社会环境。一种语言的整套词汇确实可以被看作一个社会所关注的观点、兴趣、职业等方面的复合性创造,从人们随意使用的语言中我们可以推导出他们所处的自然环境特征和社区文化特点。"[④]萨丕尔不仅关注到词汇

[①] 钱冠连.语言全息论[M].北京:商务印书馆,2002:181.
[②] 刘润清.西方语言学流派[M].北京:外语教学与研究出版社,1995:56.
[③] 刘润清.西方语言学流派[M].北京:外语教学与研究出版社,1995:56.
[④] 姜瑾.语言生态学研究面面观[J].苏州教育学院学报,2009,26(2):45-50.

与环境、语言与文化的共生关系，他还把这种关系推演到多种语言之间、多种语言与文化之间、多种语言与它们的环境之间。他对语言环境的理解包括地理特征、气候雨量等自然因素，还包括人类生活的经济基础，如一个地区的动物群、植物群及矿产资源等。虽然萨丕尔没有把语言环境与生物生态环境进行隐喻类比，但他超越了对语音、语义和语言结构等的描述局限，最早建立起语言与自然的关系，对"语言与环境"进行反思，提出"文化语法相互作用的广泛多样性"以及各个领域的"方式计算""实物概念"和"性别语言中不同的社会态度和语言结构"等方面的内涵，这些与语言生态学的核心思想——相互作用和多样性不谋而合，所以，萨丕尔可以被视为语言生态学领域的开拓者。

在结构语言学家、历史语言学家运用生态语言观认识语言的基础上，20世纪众多语言学者的研究进一步受到生态意识的深刻影响。美国语言学家乔姆斯基的"转换生成语法"理论揭示了人类语言能力生成的生理原因。英国伦敦语言学派代表者弗斯、韩礼德的"典型语言环境"语义理论深入探讨了语言和环境之间的相互作用。特别在20世纪60年代形成的社会语言学更是从语言及各地区方言的产生、变异、发展与消亡等方面具体研究有关语言与环境的关系，其中，海姆斯"交际能力"概念的提出对语言生态学的产生有着直接影响。与此同时，从认知心理学学派中发展起来的"互动派"关注到环境对语言习得与学习的重要作用，如母亲语言（Mother Talk）对婴儿、教师语言（Teacher Talk）对学生的影响等，这一切都表明人们对语言与环境之间交互作用的认识已经得到越来越多的重视。

尽管如此，以上语言学派对语言和环境关系的研究存在一定局限：没有把语言放在包括自然界在内的整个生态系统中加以审视，没有关注到包括自然界与社会在内的整个物质与人文环境对语言习得和语言使用的影响，所以，语言学界期待真正的交叉学科出现，这就是语言生态学。

二、语言生态学概念的提出

20世纪，面对日益恶化的生态环境，人类的生存与发展受到严峻考验，各个学科领域开始直面生态问题，期望通过研究承担起学科使命与社会责

<<< 第二章 语言生态学的理论探讨

任。在语言学界，学者们就语言与生态环境问题展开探索，一系列文章相继出炉。1959年，特里姆发表《历史的、描述的与能动的语言学》（*Historical, Descriptive and Dynamic Linguistics*），试图从生态学视角讨论语言发展的历史与变化。1967年，卡尔·沃格林（Carl Voegelin）、弗朗西斯·沃格林（Frances Voegelin）与舒尔茨（N. Schutz）共同发表《作为西南文化地域一部分的亚利桑语言状况》（*The Language Situation in Arizona As Part of the Southwest Culture Area*），使用"生态学"一词讨论美国西南地区语言之间的复杂关系。受到"语言生态学"雏形思想的影响，1972年，美籍挪威裔语言学家豪根发表论文《语言的生态》（*The Ecology of Language*），通过对语言环境与生物生态环境进行隐喻类比，第一次理性阐发"语言生态学"的思想。豪根指出："语言环境"并非人们通常所说的语言上下文或语境，而是使用语言的社会以及比社会更广泛的周围世界的环境（包括自然环境、各种动植物带来的环境与表象等），而且语言本身也是环境的一部分。人们在不同的环境中所习得的语言和他们对语言的态度是不同的，社会对语言及其使用起着重要的制约作用。基于此，"语言生态学"应该是"一门研究一定的语言与其环境交互作用的学科"。（Haugen, 1972）尽管豪根没有使用"语言生态学"一词，但他的语言生态隐喻奠定了语言生态学的主流研究范式，他的概念性描述被公认为语言生态学的基本定义。

1990年，美国语言学家韩礼德在"国际应用语言学协会"（Association Internationale de Linguistique Appliquée，简称为 AILA）世界大会上宣读论文《意义的新途径：挑战应用语言学》（*New Ways of Meaning: the Challenge to Applied Linguistics*），指出：生长、性别和物种在语言的词汇和语法结构中存在自我表现形式，语言在生态进程中具有重要作用，所以，语言研究应该作为生态考察的组成部分（Halliday, 2001），语言生态学应成为语言生态研究的另一个等同术语。会议上还有学者提出用"ecolinguistics"作为语言与生态问题研究的统称。1993年，麦凯在专著《语言生态学：迈向语言科学的新范式》（*Ecolinguistics: Towards a New Paradigm for the Science of Language*）中正式提出了"语言生态学"（Ecolinguistics）概念，标志着其作为一个年轻的交叉学科正式进入人们视野。

15

三、语言生态学定义的界定

进入20世纪80年代后，以穆尔豪斯勒、菲尔和范莱尔等为代表的语言学家进一步丰富了语言生态学的定义。针对语言生态学的界定，穆尔豪斯勒阐明："语言是整个生态系统的构成部分，既受后者的制约，也影响后者的发展，因此，语言生态学应该涵盖生态分支系统的语言和整个生态系统两部分。"[①]

针对语言生态学的研究特点和意义，奥地利语言生态学家艾尔文·菲尔（2001年）指出：语言生态学家通过使用生态系统隐喻来描述语言世界系统，通过借助生物生态学概念对语言世界系统做出具体分析，由此，既可以在语言和言语层面对非生态的语言使用和语言系统中的人类中心主义现象进行分析批评，也可以对语言和生物多样性之间的关系进行探讨，从而一定程度上改善或解决生态环境问题。针对"语言与环境"的界定，范莱尔认为存在四种关系：一是语言与物质环境的关系。例如，语言中对自然界和周围世界的性质与变化、客观方位与行动方式以及各种自然界与社会生活中的"表征"所进行的表述。二是语言与社会、文化环境的关系。三是语言的多样性和各种语言之间的关系。四是语言学习者（特别是儿童和第二语言学习者）与学习环境之间的关系。

沿着豪根的生态学隐喻思想和韩礼德的语言生物学论点，经过穆尔豪斯勒、菲尔和范莱尔等一批语言生态学家的不断深挖、扩展，语言生态学的定义得到不断丰富并逐渐形成不同的研究理念。理念之一强调语言与物种之间的可比性，即任何特定语言与它所处环境的相互作用关系可以被比作特定动植物物种与其生存环境之间的生态关系。该理念关注语言与生物多样性的研究，着力于调查、记录及拯救地球上的濒危语言。理念之二强调语言与生长状况、种类特性以及物种形成之间的关系，关注语言对于环境恶化或发展的作用与影响，着力揭示语言与现实世界之间互变、互动的过程。这两种理念相互补充、协同发展，共同致力于语言与生物多样性、语言对于生态系统意义的探索，使语言生态学的研究内涵逐渐清晰。

---

① 寸红彬，张文娟.云南濒危少数民族语言的生态环境[J].学术探索，2016（7）：146-150.

四、语言生态学学科的发展

20世纪80年代，麦基的《语言转用的生态学》(1980年)、蒂尼森的《面向欧洲的语言生态学》(1982年)、哈热日的《语言生态学》(1985年)、哈尔曼的《族群中的语言：基本生态关系概观》(1986年)等著述陆续出版，生态学以不同的方式、方法被运用于语言研究领域。生态学概念，如"环境"(environment)"恒定性"(conservation)"相互作用"(interaction)"语言世界系统"(language world system)等在语用学、话语分析、人类语言学和理论语言学的研究中频繁出现。20世纪90年代，语言生态学研究进入新的发展阶段。1990年，丹麦学者德尔和班恩创立"生态、语言和意识形态"研究小组（ELI Research Group）；1993年，国际应用语言学会举行"语言生态学：问题、理论与方法"专题讨论；1995年，菲尔召集"语言、生态学与语言生态学"国际学术研讨会；1996年，国际应用语言学会成立语言生态学分会；此后，更多语言生态学的研究争相问世，如评述语言生态学的发展状况及未来的展望（Fill，1996，2001a，2001b）、对语言系统的非生态因素的批评（Halliday，1992；Gerbig，1993；Goatly，1996；Alexander，1996）、对语言生态学理论框架的研究（Makkai，1993）以及对语篇的生态批评分析（Gerbig，1993；Mühlhäusler，1996；Jung，2001）等。在众多研究者的共同努力下，语言生态学已超出其表面的隐喻意义，逐渐演化为一种崭新的语言生态观，它将语言现象置于整体开放型的生态文化背景之中，研究语言符号系统的生态性质与语言发展的生态规律，强调语言多样性与生物多样性的依存关系以及对人类发展的重要性和必要性，其基础理论体系与应用理论体系甚至得到心理学家、哲学家、人类学家、教育学家的不断完善。

第三节 语言生态学的概念内涵

一、基础理论

正如基础生态学里有个体、种群、群落与生态系统，语言生态学里有子系统、语种、语族与语言体系，它们呈梯级的层次，都是从微观到宏观的综合研究，它们把生态学理念和生态学概念引入语言学研究的基础，主要表现在以下四个方面：

第一，语言的物种属性。语言是人类专有的认知、思维与交际工具，它作为人的理性产物，萌发于原始的自然状态，决定着思维力量的功能，具有生物属性；但同时，只有在作为文化和社会物种时，人类才有使用语言进行交际的驱动力，所以，人类的社会属性决定了语言的社会性。此外，生存环境与社会环境的差异造成了人类这一物种的多样性，所以，正如人种的不同，语言也有不同的类型。

第二，语言的全息态特征。语言系统与生物系统之间具有全息性。首先，生物系统按照门—纲—目—科—属—种进行分层；语言系统按照语篇—句子—词—语素—音位进行分层，二者之间有鲜明的可比性。其次，所有生物都遵循一定的自然规律，呈现相似的周期变化，语言也经历产生、发展和消亡的过程，这个过程正是宇宙脉动总和的缩影。再次，生物系统是随机变异和无意义选择的结果，语言则具有能指与所指的任意性，二者具有相似性。最后，为了描述对象的不确定性，人们常常使用模糊语言，语言的模糊性类似生态交错区常具有种的数目及密度增大的边缘效应。

第三，语言的生态系特征。生物与环境构成统一整体，在这个整体中，生物与环境之间相互影响、相互制约，保持相对稳定的动态平衡，这种状态即为生态系。生态系里的物种越丰富，平衡状态就越强劲，反之亦然。所以，物种的减少必然导致生态的危机。同理,多种语言共存并与社会环境相互作用的动态平衡体系正是语言里的生态系。语言多样性是丰富多彩的物质文化与精神文化得以存在与发展的保障,是健全语言生态系的重要特征,所以,语言的消亡必然导致语言生态的失衡。

第四,语言的环境公平性。在资源消费和生态健康方面,人类应该优先考虑处于劣势的群体,使人人拥有健康的环境,公平地享受地球资源,这就是环境公平的实质。环境公平研究主要指向代内公平和代际公平两个方面。代内公平指代内的所有人,不论其国籍、种族、性别、经济发展水平和文化等方面的差异,对于利用自然资源和享受清洁、良好的环境享有平等的权利。代际公平指当代人和后代人在利用自然资源、享受清洁环境、谋求生存与发展权利均等。与自然环境相类似,受到依存环境的制约,语言环境也存在公平与否的问题,在代内与代际方面有不同表现。代内方面,主要是"同一代语用者之间语言环境的不公平,直接因素是权势、社会距离、言语行为所固有的绝对意义的强加等影响面子的交际行为"[①]。代际方面,主要是不同代语言使用者之间语言环境的不公平,主要源于书写不规范、生造词语、遣词怪癖等肆意糟蹋语言资源、影响后代语用者利益的不规范的语用行为。为稳固语言生态系统的平衡,实现其可持续发展,应该倡导以语言环境公平为核心的生态语言环境观:"提倡平等相待、相互尊重的合作原则,以消除言语交际双方的不公平;提倡利益平衡的双赢原则,以消除交际利益主体的不公平;提倡个体整体协调一致的原则,以消除语用个体与社会整体利益的不公平;提倡当代人与后代人语用利益并重的原则,以消除跨代不公平。既要维护公平有序的语言交际环境、形成代内语言环境的公平,又要保证语言的可持续发展,确保代际之间语言环境的公平。"[②]

综上所述,语言的物种属性、全息态特征、生态系特征和环境公平性分别从不同角度、不同层面论述了语言的生态特性与语言发展的生态规律,它们相辅相成,共同构成了语言生态学基础理论体系框架,回答了生态学与语

---

① 祝畹瑾.社会语言学概论[M].长沙:湖南教育出版社,1992:160.
② 黄知常.从言语奢化现象看语言环境公平问题[J].语言教学与研究,2002(1):78-82.

言学融合的主要机制，对某一语言的具体研究具有直接的指导意义。

二、基本特征

生态学视域下的语言研究具有四个特点：整体性、动态性、互动性与处境性。

第一，整体性（holistic）。生态思维关注复杂的整体而非孤立的个体，把整体视为具有复杂性和多样性的系统，系统内的事物之间存在错综复杂的关系。语言生态学将此思维运用于语言研究，着重研究语言与人类互动原则之间的关系而非传统的语言内部规则，研究对象多为语言社会与语言文化等整体。

第二，动态性（dynamic）。生态思维关注生态系统内生物体的多变性与易变性。与此相似，语言生态学同样重视语言使用者所存在的物理环境、交际心理情感、社会认同感等可变因素以及由此引发的特殊用词、语言转用和非语言因素借用等语言现象。

第三，互动性（interactive）。生态思维关注生态系统内生物体相互之间的动态影响，而语言生态学也非常重视语言交际的互动关系，自然、社会、文化等所形成的语言环境对交际双方的影响，交际双方相互之间的理解或误解、包容或抗拒，甚至彼此所使用的肢体语言等。

第四，处境性（situated）。生态思维关注生物体所存在的处所，包括自然、物理、生物等环境或背景。而语言生态学从宏观上非常重视语言存在或消失、语言进化或变体等与语言环境变迁的关系；从微观上，则重视语言意义与语境之间的联系。

基于上述特点，再次证明：基于生态思维的语言学研究具有客观的科学性与逻辑性。

第四节 语言生态学的主要研究领域

如上所述，语言生态学的研究主要围绕豪根的隐喻范式和韩礼德的生物学范式。前者以"生态"隐喻"环境中的语言",主要研究增强或削弱语言功能的环境因素,研究对象指向语言多样性、濒危语言、语言活力、语言进化和语言政策等问题。后者着重从生物学视角诠释"生态"含义,主要研究语言在生态环境中的作用,研究对象多指向语言系统生态学分析、环境语篇的分析批评、生态语法、语言对生态环境的作用等。对于语言生态学的任务,范俊军概括为:"通过分析研究语言的生态因素,揭示语言与环境的相互作用,生态语言学有两大领域,一是运用生态学原理,调查研究影响语言功能的各种因素,考察语言生存与发展的生态环境,对各种语言的活力和生存状况做出评估;二是对话语或语篇做微观研究,分析语言系统和语言使用的非生态特征。生态语言学将语言、语言使用、语言研究作为当代生态问题的组成部分加以考察,具有应用学科的特性。"[①]

本研究专注于少数民族语言生态环境的研究,所以,在此只讨论语言多样性研究与濒危语言研究两个方面。

一、语言多样性研究

语言多样性转化于"生物多样性"(biological diversity)这一生态学术语。"生物多样性"是描述自然界多样性程度的概念,内容广泛,在学界有多重理解。生物多样性可以体现在多个层次上,可以是生命形式的多样性,可以是地球生命的所有变异,还可以是生物及其环境形成的生态复合体以及与此相关的各种生态过程的综合。"生物多样性"概念的提出源于对人口、资源、环境、粮食和能源等五大危机的担忧和对保护生态环境、合理利用自然资源的诉求。虽然有不同的定义,生物多样性的内涵被普遍接受为三个层次:遗传多样性、物种多样性和生态系统多样性。遗传多样性是物种多样性和生态系统多样性的基础,物种多样性是构成生态系统多样性的基本单元,而生态系统多样性则是遗传多样性和物种多样性的综合体现。总之,对生物多样性的认识引发了对语言多样性的思考。

第一,正如生物体基因储存着各种遗传信息,语言承载着人们对自然环

[①] 范俊军.生态语言学研究述评[J].外语教学与研究,2005(3):110–115.

境和人文环境的各种认知与信息。生物体基因的多态促成了生命的进化和物种的分化，环境的多态则造就了语言的多样性。据德国《语言学及语言交际工具问题手册》统计，现今世界上共有5561种语言。

第二，据科学家推测，学界平均每年发现1.5万个新的生物物种，目前，已命名并分类出130万个物种。仿照生物学，语言学界假设若干语种演化自特定祖语，按照各个语种的亲属关系就分为若干语系，语系下分语族，语族下分语支，语支下是语种，语种下是方言（dialect）。美国SIL所属《民族语》杂志发现，世界上共有7099个语种和141个语系。其中，语系又包括汉藏语系、印欧语系、乌拉尔语系、阿尔泰语系、闪含语系、高加索语系、达罗毗荼语系、南岛语系（或称马来—波利尼西亚语系）、南亚语系以及其他一些语群和语言。

第三，生态系统的组成元素、生物群落的构成与整个生态过程等的能动性使生态系统保持了一定的持续性和突出的多样性，与此类似，语言系统的组成成分、语系的划分与语言结构的形成等是多种因素互动的结果，它们使语言既有自身持续性，以保持社会的和谐稳定，又使语言不断处于运动变化之中，通过语言的相互交流、借鉴与学习，促进社会的进步发展，而在传统与变革中，语言多样性得到进一步深化。

正如生物多样性赋予人类丰富的资源，是人类社会赖以生存和发展的重要基础，语言多样性赋予人类无穷的智慧，是人类文明持续发展的基本前提。语言多样性是社会多样性和文化多样性的载体，对它的研究正是对人类在认知、适应和发展世界过程中积累的知识和经验的全面考察，是避免语言歧视、语言消亡与语言衰败等造成语言生态失衡的有力措施，是扩大知识库、增强人类适应环境能力的保障。它的意义暗含在社会语言学家费士曼的告诫里：当所有的人都说一种语言的时候，世界的末日也就要来临了。我们的语言是神圣的，当它消失时，生活中美好的东西也随之而去。保持语言多样性有利于促进自然多样化与人文生态多样化社会的健康发展，所以，人类必须像保护自然生态一样保护语言生态。基于这样的社会责任感，语言多样性已成为越来越多语言生态学者关注的焦点。例如，美国康涅狄克大学对全球数百个生态区的土著族群、传统民族语言状况和生物生态状况进行调查；牛津大学耐托对西非地区语言的分布进行研究；史密斯对墨西哥北部土著美洲族群开展研究。

二、濒危语言研究

布莱雷德指出：一旦某种语言消失，它所负载的有关世界和本地生态的许多知识，包括历史、文化、宗教、习俗等也就随之消失。这是人类巨大的损失。的确，语言是人类进行思维和交流的信息工具，是人类文明的载体，不同的语言标志着不同民族对客观世界的独特认知，反映着该民族的历史文化、宗教信仰、礼仪习俗、伦理道德等民族特征，记录着该民族在天文地理、自然科学和人文科学等知识领域的经验和知识体系。一旦语言消失，语言所承载的各种具有药用价值、经济价值和人文价值的成果也将消失。

当今时代正处于飞速发展期，地球村、城市化促使文化交融，使语言的原生态环境遭受破坏，很多少数民族语言面临危机，许多语言还来不及被人们认识就从地球上消失了，语言的死亡正如物种的灭绝一样，不可逆转。一组组触目惊心的数字，警示着语言濒危速度的加剧。例如，联合国估计，迄今全世界已有750多种语言灭绝；在全球5000~6000种语言中，将有3000多种语言在22世纪末灭绝，2400多种行将灭绝，只有约6000种语言尚处安全。

对于"濒危语言"，Hale还指出："绝大多数濒危语言都是人又少又没有语言威望的。"[1] Edward也认为："语言的维护需要一代代沿用下去，但少数民族语言往往容易被周围强大的民族语言同化。"[2]语言的濒危源于其生态环境的破坏。例如，在很多国家，少数民族人口占比低，其语言使用非常有限，加上信息化、全球化、不恰当的语言政策、民族融合、社会转型、缺乏文字、语言功能难以满足社会交流等语言外部与内部因素，很多少数民族地区语言转用现象普遍，本族语使用范围缩小，语言本体结构系统衰退、人们对于本族语态度发生巨大改变，种种迹象表明少数民族语言的活力与生存面临危险，

---

[1] HALE K. Endangered Languages: On Endangered Languages and Importance of Linguistic Diversity [M]. New York: Cambridge University Press, 1998: 192.

[2] EDWARD J. Language Minorities and Maintenance [J]. Annual Review of Applied Linguistics, 1997: 38.

岌岌可危。对此,语言学界正通力合作,积极采取有效措施,把抢救即将消失的民族语言纳入研究重点。"1993年,联合国教科文组织濒危语言专家组通过《濒危语言方案》《濒危语言红皮书》。2000年,德国科隆濒危语言会上提出了划分濒危语言的7个等级。2001年、2003年在巴黎会议上分别通过了《世界文化多样性宣言》《保护非物质文化遗产公约》《语言活力与语言濒危》等纲领性文件。"[①]在这样的大背景下,开展少数民族生态语言环境调查的个案研究具有全球性意义。

---

① 戴庆厦.语言调查教程[M].北京:商务印书馆,2015:262.

第三章　我国少数民族语言的生存现状

第一节　语言生态环境概述

人类环境生态学认为：人类活动与自然环境一直是相互影响的。在人类活动改变自然环境的同时，环境变化也改变着人类的行为，迫使人类去适应自然环境的变化，改变生活和生产方式，增强抵御自然界不利变化和灾害的能力。语言生态学也认为：世界上任何语言系统都不是孤立存在的，都置于一个与它紧密联系相互作用，不可须臾分离的生态环境之中。它的产生和发展都与自然、社会、文化、人群等环境因素密切相关。

总之，正如生物体孕育并受制于一定的自然环境，语言的存在与发展也离不开语言环境的熏陶和影响。如果说生物与它所处的环境构成了生态系统，那么语言与它所处的生态环境自然构成了语言生态系统。《现代汉语词典》解释："生态系统指生物群落中的各种生物之间以及生物和周围环境之间相互作用构成的整个体系。"[1]冯广义先生把该解释套用到"语言生态系统"上，解释："语言生态系统指世界上各种语言之间以及语言与环境之间相互作用构成的整个系统。"[2]在这个系统里，以人类生存和人类活动为核心的语言生态环境成

---

[1]《现代汉语词典》（第五版）[M].北京：商务印书馆，2006：1220.
[2] 冯文义.语言生态学引论[M].北京：人民出版社，2013：53.

为（linguistic ecology）讨论的重点。关于语言生态环境，北京大学教授刘树华认为，它"包括外生态环境和内生态环境两部分。外生态环境由自然环境、社会环境、文化环境和人群环境四部分所组成。内生态环境是指语言的各构成要素（语音、语义、词汇、语法）以及它们之间的有机组合"[①]。

本书主要讨论语言的外生态环境，即以语言为中心，对语言的产生、存在、发展和消亡起着制约和调控作用的多元的空间环境体系。这一体系里既有社会、经济、政治和文化等形成的宏观环境，也有由语言本身及语言使用者生理和心理因素等构成的微观环境。宏观与微观相互联系、交叉渗透，有机合成语言的生存环境。

语言生态环境是语言存在的必备条件。具体而言，国家对该民族语言和该民族的政策，使用该语言的民族人口数量、教育素质、年龄结构、生活地域与对自己语言与文化的情感态度，该民族文化在与外族交往中所占地位，该民族语言和民族文化的传播方式，该民族地区的生活方式和经济发达程度，该民族宗教、文学和习俗等集合体，这些都是决定该语言生存或消亡、延续或突变的直接因素。总之，语言的生命与语言使用者密切相关，使用者所处的宏观生态环境和微观生态环境相互联系，共同决定着语言的去留。

不言而喻，生物体需要和谐的生态环境才能健康成长，同样，语言的发展也需要与之相适应的环境。语言生态环境本应顺应语言的自然消长，但人类活动的大量介入破坏了语言生态的平衡，使语言陷入濒危状态，只有对语言的生态环境进行全面、综合而细致的分析，才能探求语言危机的具体原因和一般规律，才能在保护与挽救民族语言与文化的过程中制定出积极有效的策略。

---

① 刘树华.人类环境生态学［M］.北京：北京大学出版社，2009：288.

第二节　宏观语言生态环境

英国社会语言学家简·爱切生（Jean Aitchison）说："人类绝不会停止说话，那么，一种语言怎么可能死亡呢？一种语言的死亡，并不是因为一个人类社会忘了怎么说话，而是因为政治或社会原因，另一种语言把原有的一种语言驱逐出去而成了主要语言。"① 这里的"政治和社会原因"正是语言所处的宏观生态环境，是语言使用者的人口数量、分布特点、政治地位、经济水平、文化基础、教育水平、民族关系、通婚状况、宗教信仰等因素的综合表现。

少数民族语言常处于错综复杂的政治、社会、历史和文化背景中，所以造成语言留存的因素相互交织、盘根错节，使语言的使用范围和使用程度受到多重影响。具体地说，在研究少数民族语言时，可以参考戴庆厦先生的观点："大致可包括以下几点：①社会因素对语言结构的影响。社会因素包括职业、阶层、语境等；②社会因素对语言功能、语言地位的制约作用；③与语言使用有关的问题，包括语言政策、语言规划、双语现象、双语教育等；④由社会因素引起的语言关系，包括语言接触、语言影响、语言融合等；⑤个人因素对语言的影响，如年龄、性别、文化、心理等；⑥社会因素在语言上的种种反映，从语言变异看社会变异；⑦语言因素对社会因素的影响。"② 下面，将综合以上因素，从少数民族语言走向衰退的普遍原因探查到某一民族语言濒临消失的具体原因。

---

① 简·爱切生.语言的变化：进步还是退化？[M].徐家祯，译.北京：语文出版社，1997：261.
② 戴庆厦.社会语言学教程[M].北京：中央民族学院出版社，1993：2-3.

一、导致语言群体消解的自然环境

德国语言学家洪堡特在对语言与环境关系的论述中特别提到"自然环境",他指出:"人类的部分命运完全是与一定的地理位置相关联的,语言学因此首先必须考虑这些地理因素,确定每一语言的所在位置、分布地域和迁徙路线,弄清世界上每一孤立隔绝的地区的语言所具有的差异。即使在纯语法研究的领域里,我们也绝不能把语言与人,把人与大地隔绝开来。大地、人和语言,是一个不可分割的整体。"[1]

族群作为语言使用的主体,是少数民族语言存在的客观条件,所以,语言使用族群的自然变故必然导致语言的消亡,主要表现在两个方面:

一方面,历史上,很多灾难性突变,如地震、飓风、洪水、海啸、火山爆发等严重自然灾害,鼠疫、霍乱、天花、伤寒、肺痨等流行性疾病以及常年内乱、战争等给人类带来毁灭性威胁。特别是处于闭塞、偏远、落后地区的小群体,由于生产力水平低下,缺乏应有的防范准备,对频繁发生的灾害缺乏基本抵御能力,整个族群因此整体灭绝,其语言也就整体消失。

另一方面,语言群体成员的比例直接关系到语言的通行程度,使用人数多的语言成为优势语言,迫使使用人数少的语言逐渐退出主流交际。这在自然环境中主要有两种呈现方式:第一,在上述自然灾害的威胁或受到外来势力的迫使下,有些族群被迫离开原居住地,要么流离失所散居到其他民族的聚居地,要么被集中到多种部落群体混杂的保留地,在与其他语言群体接触和混居中,被迫迁移的民族为了生存和发展,必须努力学习新的语言,其包括语言在内的群体特征和传统文化逐渐被消融到新的环境中;第二,语言群体的失散不仅发生在族群的迁徙中也可能发生在原聚居地。由于交通、宣传、经济、婚姻等综合因素,有些少数民族地区迎来大批外来移民,当新移民的人数、语言、经济、文化等优势超过本地原住民时,本地语言群体自然淹没于外来语言群体,本族语让位于使用人数更多的语言,致使原语言群体分崩离析,语言也随之失去地区通用语地位。可见,自然环境和生存环境的变迁

---

[1] 威廉·冯·洪堡特.洪堡特语言哲学文集[M].姚小平,译.长沙:湖南教育出版社,2001:304.

是直接导致语言消亡的外部因素。

二、影响语言选择的经济环境

交流是语言的主要功能，以经济为基础构建的交流环境是语言选择的主导因素。

首先，城市化和经济的发展使人们的交流对象和交流范围发生改变，语言自然随之受影响。总的来说，传统农业经济背景下，少数民族群体主要采用手工劳动方式，靠世代积累下来的传统经验发展，以自给自足的自然经济居主导地位，家庭成员参加生产劳动并进行家庭内部分工，人们的活动范围多局限在一村一寨，具有封闭性与保守性，依靠一种语言或方言就可以满足农业生产活动的交际需要，所以，对第二语言的需求很弱。相反，随着生产力水平的提高，交通工具的发展，经济范围不断扩大，经济活动日益频繁，少数民族群体的交际范围和活动领域也随之扩大，跨地区、跨民族的贸易交换使不同语言得以接触，人们对第二语言的需求增加，学习与使用第二语言的能力也不断增强，语言兼用和语言转用现象自然发生，被逐渐替代的语言陷入生存危机。

其次，随着地区经济发展速度的加快，广播、电视、网络、大众传媒等在封闭、半封闭地区日益普及，汉语作为通用语的传播力度得到进一步加强，同时，深受媒体开放意识的影响，很多少数民族纷纷离开原居地，融入城镇化浪潮，他们常年在外，失去了本族语环境。此外，为了融入社会主流，他们自愿放弃自己的本族语而转用汉语或其他强势语言，主、客观上对本族语的摒弃，逐渐使他们失去语言选择的能力，而他们的后代受到父母的影响，也随之远离本族语的学习和使用，本族语逐渐陷入消亡的危险。

最后，有些少数民族群体有保持本族语和本族语文化的意愿，但缺乏经济支持，无论是培训师资、开展双语教育、组织语言保护活动还是创制和使用本民族文字，都需要一定的、持续的经费保障。可见，经济环境是决定本族语生存的主导因素。

三、影响语言选择的社会环境

正如洪堡特所说："由于语言与人的全部本质密切关联，这种影响可以说也是人在民族起源、周边环境以及共同生活方式诸方面所受的影响。"[①] 这一观点可以理解为：语言具有社会功能，主要表现在交际认知和文化体系两方面。

第一，语言是完成信息感知、记忆和传输的认知工具，语言所承载的信息量和信息传导的通畅度决定着它的活力与生命力。在对自然与社会的认知过程中，各民族获得了大量知识，积累了大量经验，这些新的知识与新的经验需要新的语词进行承载，原有语言难以完成庞大的承载任务，新的语言难免渗入，语言群体自然趋向于选择使用更有效完成其认知与交际功能的语言，汉语相对于其他民族语言也就更深得人心。

第二，语言能够反映一个民族的历史、价值观、宗教信仰、风俗习惯、民族性格等。在族群没有发生流动之前，这些文化体系相对稳定，具有原生态性，但随着时代的改变、社会的发展，各个族群之间相互接触、沟通，在此过程中，很多文化特征发生变化，语言也随之相互渗透、扩散，要么不断得以丰富发展，要么被强势文化下的强势语言所替换，要么不同语言相互吸收、作用，出现一种新的中介语言（如方言）。族群往往根据语言对文化的象征效果而对语言的使用做出选择。可见，语言的社会功能使语言在互补与竞争中不断适应社会发展的需求，这是语言选择的直接因素。

四、促进主流文化和主体民族语言普及的教育环境

当代中国重视教育，随着改革开放的深入，少数民族地区，50岁以下的中青年和儿童基本上都受过正规的中小学教育。主观上，他们希望在学校里学习汉文化和汉语，并以此为荣；客观上，虽然在少数民族地区小学初级阶段1~3年级实行双语教育是国策，但事实上，很多学校没有能力和意向提供双语教育，即使有条件开设双语教学也是为了更好地学习主流文化和语言，由此，族群中大部分成员忽视了本民族语言和文化的学习。此外，学校里的

---

① 威廉·冯·洪堡特.洪堡特语言哲学文集[M].姚小平，译.长沙：湖南教育出版社，2001：300.

课本、市场上的各种出版物，电视、电脑和手机等通信手段的媒体语言大都是用汉语编写的，为了扫除文盲、跟紧时代、不增加学习负担，很多少数民族自然倾向于选择使用功能更为强大的汉语，导致少数民族语言教学难以开展。总之，学校教育语言选择的单一性自然导致少数民族语言和文化的缺失，使少数民族学生错失语言学习的黄金时期。

五、引起语言断代的家庭环境

随着对主体文化的诉求和族际婚姻比例的上升，少数民族群体中本族语使用的范围与频率日渐萎缩。家庭是本族语传承的最后"堡垒"，少年儿童本可以通过代际传承的方式学习、掌握并使用本族语。但是，很多家长可能受外界干扰，认为本族语的学习和使用会影响孩子的汉语思维和汉语本体学习，不利于孩子的健康成长。在少数民族地区，特别是靠近城镇或异族通婚的混合家庭里，很多年轻父母把本族语的使用和学习视为一种障碍和负担，汉语成为家庭内部交流的唯一工具，由此，本族语传承发生代际断层，下一代人失去靠家庭形式维系本民族语的学习和使用领域，该语言被自然淘汰，游离到言语社团的交际功能系统之外，逐渐失去了活力。作者在调查中发现，即使是语言工作者或文化工作者，他们在日常生活中也很少使用本族语，这直接导致他们的孩子不懂本族语，家庭语言传承的机制在这些家庭同样缺失。

第三节　微观语言生态环境

本族语的留存、使用与保护受到内外部因素的影响，自然、经济、社会、教育和家庭共同组成的宏观环境构成外部原因，群体的语言使用意愿、语言态度和语言结构系统的退化和缺乏本民族语言文字则是其内部原因，构成了语言的微观生态环境。

一、语言群体的主观选择

人群对语言的选择本质上源于交际的需要。美国人类学家、语言学家萨丕尔指出:"语言,像文化一样,很少是自给自足的。交际的需要使说一种语言的人和邻近语言的或文化上占优势的语言的人发生直接或间接的接触。"[1]语言的接触直接导致语言群体形成相应的语言意愿、语言态度和语言情感,同时,也引发了语言本体的各种变化。

(一)语言意愿

在政治、经济、社会、教育等外因的影响下,群体为了适应现实,会自觉或不自觉地进行着语言的选择,逐渐形成一种语言使用的意愿。个人是否愿意学习、使用本族语、对本族语的热情度是本族语得以留存的直接动因。具体地说,在家里,会说本族语的老人或父母是否愿意使用并教下一代讲本族语;在学校,会说本族语的老师是否愿意用本族语与学生交流;民族地区领导是否重视本族语的保护,并在各种社会活动中倡导使用本族语等,很大程度上都取决于他们主观的意愿、选择和决策。语言意愿往往出现"一边倒"的趋势,即被看作文化中心的人群的语言,自然更可能对附近的语言发生显见的影响。在文明而开放的时代,外人很难通过强迫的方式干预他们的语言选择权。这一事实可以通过以下数据得到生动的例证:20世纪50年代,在大力普及汉文化和汉语的同时,为了促进少数民族语言的保护与发展,政府先后为壮、布依、彝、苗、哈尼、傈僳、纳西、侗、佤、黎等民族制订了拉丁字母形式的文字方案,后又为白、独龙、土家、羌、基诺等民族设计了拼音文字方案,但这些方案更多只为语言研究提供了便利,并没有从根本上使少数民族群体使用本族语的意愿得以增强。

(二)语言态度

除了外部因素,延续或放弃本族语的意愿还取决于长期以来形成的语言群体的语言态度。"语言态度是指人们对所使用的语言的价值评价及其行为倾向,它包括个人如何认识、如何理解某种语言的地位,对某种语言采取什么

---

[1] 爱德华·萨丕尔.语言论[M].北京:商务印书馆,1985:173.

样的感情，是喜欢还是厌恶，是赞成还是反对，是尊重还是轻视等。"①

换言之，语言群体的语言态度即群体的语言价值观，指群体中大部分成员对本族语或外来语所持有的价值评定和行为倾向。群体认为本族语或外来语是否有价值，是否应该被重视，很大程度源于他们的情感、兴趣、动机、知识水平、交际范围和自我需求等。

历史发展、社会条件和认知能力等的差异造就不同的心理和情感特征，不同的心理情感使不同族群对自身语言的存在与发展各有理解，从而逐渐形成不同的语言态度。总的来说，对本族语的态度主要有三种形式：一是积极态度，即能认识本族语的价值，愿意接纳、使用并尊重本族语，主要存在于少数民族聚居区或虽然离开原居地，但仍对本族文化持有强烈认同感的老年或中年人群；二是矛盾态度，即能理解本族语存在的价值，却不愿付诸行动使用或保护本族语，主要存在于受过较高教育的本族知识分子或具有决策力的领导群体；三是消极态度，即误认为本族语是落后愚昧的标志，是使其在政治、经济中处于劣势的根源，从而抵触、反对本族语在家族中使用和传承，主要存在于离开原居地、受城市化进程影响颇深、对经济需求迫切或对本民族文化缺少认同感的群体中。从以上分析可以看出：语言态度与本族语的交际功能、交际范围和语言使用者的年龄、职业、受教育程度、居住环境等密切相关，是复杂心理和社会现象的共同产物。同时，随着心理和社会的改变，语言态度也可能发生改变，它是影响语言前景的重要微观变量。

（三）语言情感

语言态度的形成与语言群体对本族语的情感反应息息相关。语言是交流的工具，是文化的载体。同一群体使用自己的语言相互传达信息、缔结友谊、协调生产与生活，在语言中传播各自独特的文化、思维、习俗与观念，语言增强了群体成员之间的亲和力，使彼此产生心灵共鸣和民族认同感，逐渐凝聚为一种较为稳定的情感。语言情感是语言群体在语言活动中对语言好恶倾向的内在心理反应。这种情感的强弱决定了对本族语的喜好程度。在少数民

---

① 戴庆厦，赵益真.我国双语研究的现状及展望[J].民族教育（双语专辑），1989（3）：112-115.

族地区，很多老人坚持使用本族语并强烈呼吁下一代，甚至再下一代学习和使用，这正是基于浓厚情感下对本族语的维护与珍惜。相反，受到城市化进程影响的年轻一代，总是自觉不自觉地抵触、排斥本族语，这很大程度上源于他们对本族语有一定的心理距离，没有根深蒂固的情感关系。

二、语言本体的结构变化

除了语言使用者主体之外，语言本体的结构变化也是导致语言变化的内在原因。在社会的不断发展过程中，语言使用者的交际范围逐渐扩大，不同语言得以相互接触，接触使语言受到影响，从而发生结构上的变化。变化能促进语言的发展，但也能抑制语言的进程。一种语言被另外一种语言同化的过程首先在于被同化的语言渐渐地失去它发展的内部规律，成为完全可渗透的，然后就趋于消亡。在语言接触中，有些少数民族语言常通过自觉或不自觉地借用和吸收外来语以弥补自身结构僵化或成分缺失等先天不足，随着频率的增加，原有的结构单位和特征逐渐消失，导致语言结构系统的严重退化，最终失去交流的主导地位和进一步发展的活力。

语言本体的结构变化主要发生在语音、语法和词汇方面。具体地说，语音方面，在外来语的侵蚀下，本族语的音位系统，如塞音、塞擦音、声母等发生音变；本族语逐渐失去一些固有的语音单位或语音特征；本族语中增加一些来自外来语的语音单位或语音特征；本族语不能把介入的语音形式纳入自身音位系统，从而出现大量有悖于语音规律的现象。

语法方面，在外来语的接触下，本族语逐渐失去某些固有的语法功能和形态而被新的语法规律所取代；本族语语法里缺失的部分被来自外来语成分替换。例如，汉语动宾语序、复合句连词等都进入少数民族语言。

词汇方面，很多反映新事物、新观念的词都是强势语言里的现有词汇，随着这类词汇的增加，弱势语言的表达系统和表达功能自然萎缩，无法满足越来越丰富的交际需求，这就引起人们对它的怀疑、忧虑与不屑，在消极的语言态度中，弱势语言将被部分或完全放弃。

语言结构的替换会导致语言功能的衰退和语言类型的转变，所以，从本族语发展的视角看，语言本体结构的变化意味着本族语向外来语的靠拢和趋同，意味着本族语将失去调适能力，越来越无法适应社会发展，满足社会需求，从而逐渐让位于优势语言，最终被同化、异化甚至彻底消亡。

三、缺乏本族语文字的普及

文字是记录、交流思想和承载语言的符号，可以突破时间和空间的限制，最为有效地再现、保留和传播语言和语言所折射的文化。有无文字和文字历史的长短直接关系到语言的生存状况。没有文字的语言常常受书面语发达的语言的制约，要么被同化，要么被排挤到使用的主流之外。

城市化和现代化进程使少数民族日常生活里充斥着大量的报纸、杂志、图书、票据、印章、牌匾、说明书、布告等文化和信息媒体，因为他们只有语言没有文字，这些信息的传播只能通过汉语来完成。不懂汉语意味着无法获取必需的信息，无法与外界进行有效交流，所以，即使在群体内部还能使用本族语进行交流，该民族也只能以汉语为书面语，完成信息的传递。久而久之，本族语的思维模式和交际功能日渐消退，使用人群减少，使用范围变窄，逐渐发展为濒危语言。可见，有无文字也是本族语乃至本族语文化得以保存与否的主要内因。

第四章　调查点的自然与人文环境

第一节　自然环境概况

本书研究的调查点为：文山州麻栗坡县新岔河村和羊皮寨村。新岔河村隶属于麻栗镇盘龙村委会，羊皮寨村隶属于八布乡，两村相距大约58千米。下面将根据调查所获，自上而下对相关地区的自然与人文环境进行概述。

一、麻栗坡县

麻栗坡县因境内出产麻栗树，而街市适建于山坡而得名。麻栗坡县地处东经104°33′03″~105°18′04″、北纬22°48′54″~23°34′02″之间，属于低纬度地区，其海拔最高点为老君山主峰，高2579米，最低点为盘龙河出入境国家级天保口岸，高107米，大部分地区海拔约在1200米，山区面积占总面积的99.9%。麻栗坡县是中国西南边陲的重要门户，位于云南东南部的中越边境线上，隶属云南"红都"——文山壮族苗族自治州。全县面积2334平方千米，国境线长277千米，县城距省府昆明市公路里程450千米，距自治州首府文山80千米，距越南社会主义共和国首都河内380千米。县域东西最大横距离40千米，县境东部与文山富宁县连接，西部与文山马关县毗邻，北部与文山西畴县、广南县相连。南部7个边境乡镇与越南社会主义共和国河江省的同文、安明、官坝、渭川、黄树皮五县接界。

麻栗坡县气候属南亚热带高原季风气候，立体气候明显。年平均气温为17.6℃，1月（最冷月）平均气温10.1℃，7月（最热月）平均气温23℃。无霜期330天，降水量1068毫米，蒸发量1300毫米，日照时数1517.3小时，相对湿度84%。地貌以中低山峡谷为主，喀斯特地貌分布广，有峰林、峰丛、石牙、溶斗、洼地、溶洞等。地势由西向东南倾斜，山脉也大致呈西北—东南走向相间分布，从县西南部到东北部，依次分布着老君山、大黑山、大坪山。著名景点有老山风景名胜区、半边寺、小河洞新石器时代遗址等。当年，这里作为滇黔桂边区根据地的中心区域，是红七军和红二十一师的重要活动地区。20世纪80年代闻名全国的"老山精神"正是在文山州麻栗坡县的老山前线铸就。

二、麻栗镇

麻栗镇为麻栗坡县府驻地，1963年建公社，位于县境西南部，地处东经104°37′42″~104°49′01″、北纬23°00′49″~23°13′45″之间，是文山州乃至云南省通往东南亚的重要门户和陆路通道之一。国境线长17.7千米，分别距越南首都河内380千米和国家级口岸天保40千米，分别距州府文山80千米和省府昆明423千米。该镇地形以山地为主，境内最高海拔2269.7米，最低海拔668米，山高坡陡、峰峦重叠，有典型的立体气候特征，地处北回归线南侧，属亚热带湿润季风气候，光照充足，气候温和，年日照3189小时，年平均气温16.8℃，年平均降雨量1249.9mm，雨季集中在6—8月，干、湿季不明显，最高气温36.6℃，最低气温−3℃，无霜期达348天，有四季如春的特点。

三、八布乡

八布乡地处东经104°45′81″~104°57′45″、北纬23°9′2″~23°19′8″之间，位于麻栗坡至董干、富宁县的交通要道，是麻栗坡边陲重镇。八布乡东临杨万乡，西与西畴县平寨乡连接，西南与下金厂乡相邻，北靠六河乡，南与越南社会主义共和国官坝县接壤，国境线长27千米，国土面积17306平方千米。八布乡属典型的河谷槽区，四面山高坡陡，中部低山河谷，最高海拔1591米，最低海拔480米，相对高差1111米，海拔高差大，立体气候明显，年平均气温21℃,最高气温41℃,属亚热带季风气候,全年无霜期在350天以上,年降雨量1313毫米。

四、新岔河村和羊皮寨村

根据入村收集的一手资料,将两个调查点的自然概况以图表方式列出,便于直观比较。

调查点/自然概况	新岔河村	羊皮寨村
壮语发音	奎蓬(音译)	那别(音译)
隶属单位	麻栗坡县麻栗镇盘龙村委会	麻栗坡县八布乡
地理位置	麻栗镇北边	八布乡东边
距政府所在地	10千米	25千米
距县地距离	9千米	58千米
交通情况	入村为土路,交通不方便	入村为土路,交通不方便
性质	山区	山区
国土面积	1.97平方千米	21.49平方千米
海拔	1080米	1030米
年平均气温	17.10℃	18.6℃
年降水量	1150毫米	1343.6毫米

第二节 人文环境概况

一、麻栗坡县

截至2012年,麻栗坡县下辖4镇7乡2个国有农场,分别是:麻栗镇、大坪镇、天保镇、董干镇;猛硐乡、下金厂乡、八布乡、六河乡、杨万乡、铁厂乡、马街乡;天保农场和八布农场。总人口28.02万,常住人口28.48万

（2015年末）。大分散、小聚居、交错分布是麻栗坡县少数民族的分布特点，县内主要居住着汉族（占总人口的59.37%）、壮族、瑶族、苗族、彝族、傣族、蒙古族、仡佬族等8个主要民族，是一个典型的多民族散杂居边疆县。

根据作者在麻栗坡县收集到的一手资料，全县主要少数民族根据服饰和语言，有不同支系聚居：

民族	境内主要支系
壮族	2个支系：侬支系　土支系
苗族	4个支系：白苗　花苗　黑苗　青苗
彝族	4个支系：倮倮（白倮和花倮）　仆拉孟武　普标
瑶族	2个支系：靛瑶　"角瑶"或"板瑶"
仡佬族	4个支系：白仡佬　花仡佬　红仡佬　青仡佬
蒙古族	1984年从汉族中恢复出来，语言、服饰、习俗、宗教信仰等与汉族相同
傣族	水傣

历史上，麻栗坡县曾经交通闭塞、经济文化落后、风俗习惯原始奇特，人民生活贫困艰难，发病、死亡率高，人称"烟瘴地区"。但是，各族人民一直和睦相处，共同抵御外侮，保卫边疆，涌现出抗法英雄项崇周（苗族）等少数民族爱国志士。麻栗坡的旅游资源集经济价值、文化内涵和自然风光为一体：壮家特色花米饭独具口感，民族服饰、手工刺绣引人入胜，瑶族风情竹筒饭回归自然，踩高跷、唱花灯、山歌对唱更让人流连忘返。主要景观有：茨竹坝云海在云蒸霞蔚里宛若仙境，小河洞新石器时代遗址令人震撼，老山作战纪念馆和磨山烈士陵园更是将英雄儿女的故事永远流传。

二、麻栗镇

麻栗镇为县府驻地，全镇辖12个村民委员会，5个社区居民委员会，下设242个村民小组，居住着汉、壮、苗、彝、瑶、蒙古等6个民族，2016年末总人口48806人，12767户，农户数8310户，占总人口的63.46%，少数民族11954人，占总人口的23.49%，少数民族以壮族居多。

麻栗镇国土面积276平方千米，有耕地面积38178亩，人均耕地1.28亩。境内粮食主产水稻、玉米、大豆等，主要经济作物有水稻、大豆和烤烟等，特产八角、香蕉。矿产资源种类繁多，在铅、锌、锰、铁、硅石等种类中，以硅石储藏量大。镇内森林覆盖率为42.04%，其中用材林主要有杉木、冬瓜树等，经济林主要有杉木、冬瓜树等，生态林主要有杉木、冬瓜树和杂木等。

三、八布乡

八布乡政府驻地距县城53千米，距州府文山120千米，距越南社会主义共和国官坝县城25千米。辖八布、哪灯、荒田、龙龙、江东、东油和羊皮寨8个村委会132个村民小组，有3个村委会16个村民小组与越南社会主义共和国河江省接壤，居住着汉、壮、苗、瑶、蒙古等民族。2016年内，全乡共有4991户，21271人，其中壮族6622人，苗族7652人，瑶族1224人，蒙古族28人，少数民族人口占72.9%。全乡以农业生产为主，主要粮食作物有水稻、玉米，主要经济作物和林产品有香蕉、咖啡、木薯、菠萝、八角、油桐、荔枝、甘蔗、黄瓜等。

四、新岔河村和羊皮寨村

根据入村收集的一手资料，将两个调查点的人文概况（根据2018年最新资料统计）以图表方式列出，利于直观比较。

人文概况	新岔河村	羊皮寨村
所辖村民小组	2个	8个
农户	60户	589户
乡村人口	222人	2694人
收入主要来源	种植业、养殖业	种植业
耕地面积	207亩	2804亩
人均耕地面积	0.92亩	1.04亩
林地面积	1896亩	15657亩
适宜种植作物	水稻、玉米等	水稻、玉米等

备注：有少数苗族、汉族和哈尼族嫁入新岔河村和羊皮寨村，但由于所占比例少、人口迁移等因素，当地部门未把此部分人群计入当地人口，所以两村的民族成分为壮族。

第三节　麻栗坡壮族文化调查

一、传统文学与文字

提到壮族文字与文学必然要追溯到创世史诗《布洛陀》。"布洛陀"（$pu^5 \delta o^6 to^6$）原为"黼洛陀"，在壮语里，"黼"是对德高望重老者的尊称；"洛"表示知晓、懂得；"陀"含普遍、全面之意，合起来通译为：无所不知的智慧老人，即壮族的智慧祖神。长达万行的《布洛陀》以诗的语言和形式歌颂壮族祖先创造天地万物的伟大功绩，自古以来以口头方式在广西壮族自治区一带传承。大约从明代起，在口头传唱的同时，《布洛陀》也以古壮字书写的形式保存下来，其中有一部分变成壮族民间摩教的经文，保留了很多古壮语与宗教用语。除了《布洛陀》，著名的壮族神话还有《布伯》《特康射太阳》《母子访天边》《牛的来历》等，它们以独特的想象力反映了壮族先民力图揭开大自然神秘面纱、征服自然、改造世界的愿望，是研究壮族思想发展的宝贵资料。此外，壮族还有丰富的民间传说、历史人物故事、爱情故事、寓言故事等，它们或充满传奇色彩，或反映先民的机智勇敢，或曲折动人，或寓意深刻，具有鲜明的民族特色。

根据创世史诗《布洛陀》和《摩兵布洛陀》（张元生等《古壮字文献选注》，天津古籍出版社，1992年），壮族有自己的文字且有一定的发展阶段。有壮诗说："四千象形字，灰粉随风扬。"诗中把当时的文字形象地比喻为"像虫子爬出纹来的字"，即"虫纹字"，这是最初的刻画文阶段，但产生时间难以推断。壮文的第二阶段是古壮字阶段。壮族祖先受汉字启发，或借汉字音来表字意，或用汉字偏旁部首来创字。据调查，《古壮字字典》收入4918字，加异体字10700字。但是，由于历代封建统治阶级对壮族进行压迫和歧视，限制民族文化的发展等原因，古代壮文没有得到广泛推广，只在壮族内部中被少数人所掌握，主要出现在经诗、讼牒、契约、谱牒、信歌、民歌、长诗、剧本、说唱本里。值得庆幸的是，这种处于自然状态下的古壮字，至今依然存活在民间。作者有幸在文山州博物馆里看到活着的中国古文字（见下图）。第三阶段，即在壮族的民族地位正式确立之后，1955年，国家派专家为壮族创造拼音文字，麻栗坡县曾举办过壮文培训班，但没有得到更多的推广和使用。

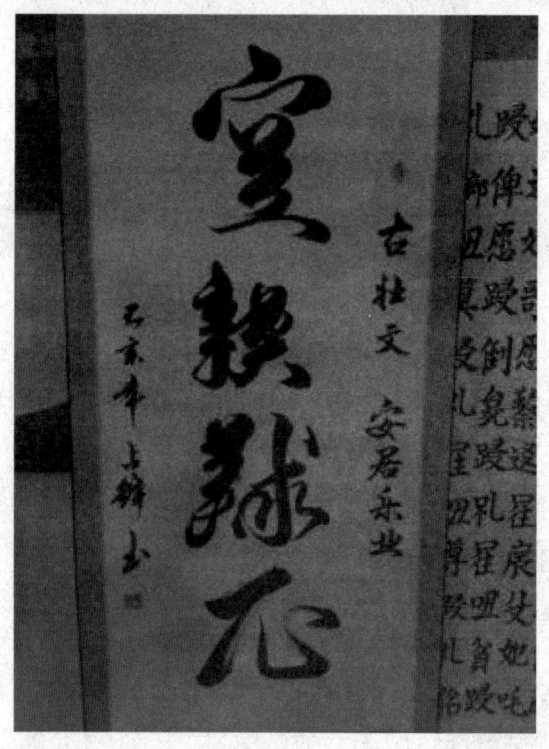

古壮字：安居乐业（沙支系）（2019年3月，摄于丘北县民族文化展播区）

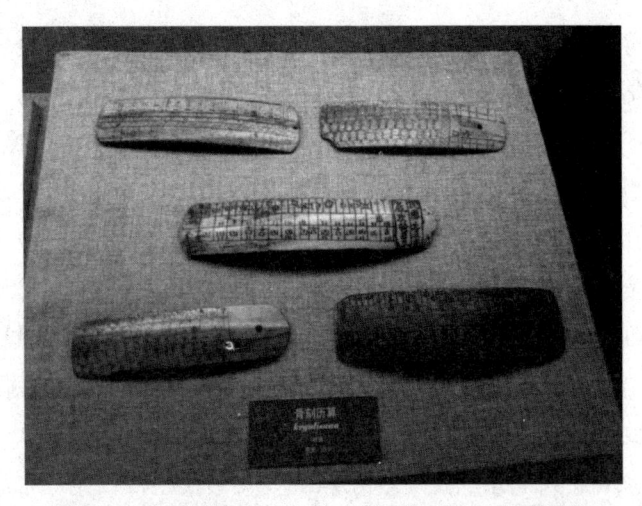

古壮字：骨刻历算（2018年8月，摄于文山州博物馆）

　　壮族传统文学和文字滋养了麻栗坡的文脉。在这片"英雄的土地"上，至今还流传着《布洛陀》的神话传说和关于《布洛陀》诗经的传唱，来自先祖们的传说和故事依然在老辈壮民中口口相传。1987年至1988年，文化广播电视局组织20余人的民间文学爱好者搜集整理了《云南民间文学集成》，其中的《麻栗坡县民间故事》里就收录了很多壮族民间故事和民间传说。随着时代的进步和生活的改变，新事物、新感受更为麻栗坡文学提供了丰富的创作素材。20世纪60年代，麻栗坡出现一批壮族作家：陆仕祥、侬友德、侬云昌、龙朝山等，他们开始创作出《七一节》《天生桥的龙王姑娘》《牛角洞的传说》《畴阳河的来历》《替嫂子哭丧》等壮族民间文学作品，并发表在麻栗坡县内的《麻栗坡报》《石笋》《天保文艺》（原《丹岩》《大王岩》）等当地报刊上。20世纪80年代起，侬秉真、田维超、侬先达、熊毅等开始创作诗歌、散文、报告文学、通讯等文学作品并发表在国内报刊上。总之，麻栗坡人民用自己的聪明才智创造了丰富多彩的壮族文化，对推动当地的语言发展具有重要意义。

二、传统民间歌舞

　　说到壮族民间歌舞，自然让人联想到"刘三姐"。壮乡号称"歌海"，刘三姐被誉为"歌仙"，刘三姐生活在唐代，可见壮族"善歌"的传统历史悠久。从古至今，壮族喜欢以山歌或民歌来表达生活、抒发感情。麻栗坡壮族人民继承了这一传统，无论节日、喜庆、赶集或劳动等，都会自发地对歌，被称为"hok⁷lon⁴"，这些歌题材广泛、内容丰富，包括情歌、风俗歌、生产劳动歌、盘歌、时政歌、童谣等，艺术地反映了壮族人民社会生活的方方面面。每年农历二月初二、初三，在麻栗坡县境内（包括调查点八布乡的八布街）常年有壮族"圩嘎腻"（huɨˈkap⁹ŋi⁶）二月二情歌节传统，当地俗称"风流街"或"赶花街"，是壮乡著名的情歌节。据作者了解，麻栗镇民间艺人龙琼琳唱山歌出名，能娴熟演唱三天三夜唱不完的《谷源调》《过山调》《栽秧调》《煮饭调》等古老的传统叙事民歌，1964年她还把山歌唱到北京，受到了毛泽东等党和国家领导人的亲切接见。在麻栗坡南朵壮族村，龙琼琳以山歌为伴，被称为"当代刘三姐"，至今村里还流传着她以山歌育人的感人故事。因为年代久远，作者无缘见到龙琼琳老人，但幸运的是，在八布乡调查时，有幸见到了何云昌和陆远青夫妇，他们是羊皮寨村著名的壮歌伉俪。作为本地远近有名的"民歌之王"，他们为作者和调查人员演唱了《妹是田中禾》等情歌，极具壮歌风采。

作者与羊皮寨村"民歌之王"夫妇：何云昌（男中间），陆远青（女右）

（2019年1月，摄于羊皮寨村）

妹是田中禾

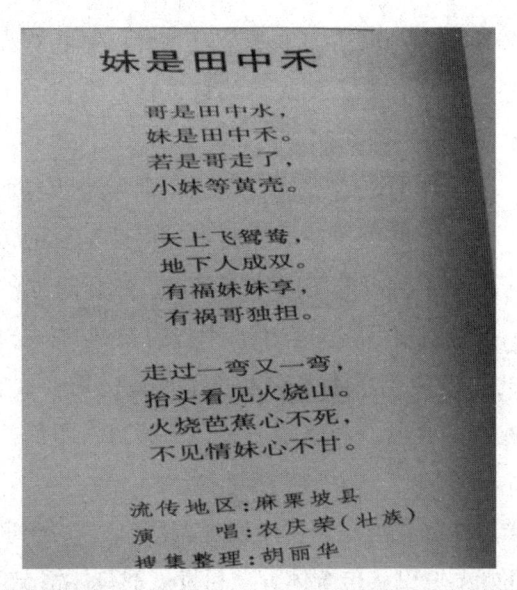

哥是田中水，
妹是田中禾。
若是哥走了，
小妹等黄壳。

天上飞鸳鸯，
地下人成双。
有福妹妹享，
有祸哥独担。

走过一弯又一弯，
抬头看见火烧山。
火烧芭蕉心不死，
不见情妹心不甘。

流传地区：麻栗坡县
演　　唱：农庆荣（壮族）
搜集整理：胡丽华

壮族民歌歌词（2019年4月，摄于云南民族大学图书馆）

在调查中，作者发现，"壮族善歌不善舞"，舞蹈没有壮歌发展全面，这可能与性格相对内向有关。据了解，在麻栗坡县境内，传统上，最主要的有手巾舞和盘子舞。手巾舞是麻栗坡壮族集体舞，壮族姑娘在赶集、串寨时携带手帕，看到壮家小伙即挥动手帕，从口内发出弹舌音，山歌顺喉而出，手帕成了壮族青年传情对歌的信物，逐渐演变成手巾舞，动作多以模拟打谷、撒种、栽秧等劳动姿态。盘子舞则产生于20世纪60年代，主要再现麻栗坡壮族妇女与炊具、针线打交道的情景，反映了壮族妇女盘田种地的勤劳与能干。虽然舞蹈种类不多，但文山白倮人的铜鼓舞却独树一格，作为建国50周年献礼节目进首都会演，轰动北京。据作者了解，2009年10月，麻栗坡县晚霞艺术团以白倮人的铜鼓舞为蓝本编排的"铜鼓长伞舞"在韩国举办的"国际首尔杯音乐舞蹈大赛"中荣获国际金奖。麻栗坡的民间歌舞同样为本地文化的传承和宣传做出了积极的贡献，是语言生态系统里独特的存在形式。

三、传统民间体育

壮族民间体育具有鲜明的民族特色和区域特征，它们的产生和发展与自然环境、长期的劳动生产和风俗习惯等息息相关，是壮族人民因地制宜、强身健体的智慧结晶，也是壮族人民表达信任、建立友谊、丰富生活的社交平台，是中华传统体育的重要组成部分。

据作者调查，麻栗坡向来重视体育发展，常年组队参加省、州民族民间体育运动会比赛。在麻栗坡，抢花炮和武术是保留至今的传统体育项目。抢花炮是壮族聚居区历史上盛行的民间体育活动，参赛双方各出10名队员，在发炮区做好准备，把炮引发后掷向空中，由抢得花炮的一方向对方发起进攻，将花炮放进对方的花篮为胜。武术则形成于环境的需要：麻栗坡地处边陲，常受外敌入侵和威胁，所以，为保家卫国，壮族自古习武，拳术、棍术、刀术等为主要形式。

除此之外，作者在麻栗坡民族中学实地调研时，收集到宝贵的一手资料，从资料中可以看到麻栗坡民族传统体育项目发展的具体情况：

吹枪：吹枪是麻栗坡县挖掘培育推出的一项具有民族传统特色的群众性体育项目，不受年龄、性别和技术水平等因素的限制，集娱乐、竞技观赏和健身于一体，在县内董干镇地区发展较为广泛。1988年由麻栗坡县民族事务委员会、麻栗坡县体育运动委员会挖掘整理并在文山州正式推出。每年麻栗坡县苗族传统节日"花山节"期间各村委会都会组织村民举行吹枪比赛和表演。2010年吹枪被列为云南省"非遗"项目。

射弩：射弩在麻栗坡县猛硐瑶族乡的苗族群众中长期流传。早期猛硐地区苗族的祖辈为了预防猛兽的侵害，利用弩达到了预防和猎取猛兽的目的。20世纪80年代初麻栗坡县民委、教体局深入猛硐地区，挖掘和推出了射弩作为入选民运会项目之一。1983年文山州第三届民运会将射弩列为表演项目，从第三届民运会起列为正式比赛项目，并流传到文山州其他县，射弩活动逐步恢复发展起来。

高脚竞速：原名为高脚马，是流行于南方少数民族地区的一项民间传统体育项目。2009年，麻栗坡县第一中学被当时的县体育局定为麻栗坡县少数民族传统体育高脚竞速项目校点。目前，高脚竞速已被列为麻栗坡民族中学传统体育项目并编入校本教材加以推广。

板鞋：板鞋竞速起源于广西河池地区的壮族，历史悠久，器材简单，因地制宜，不受年龄、性别和条件的限制，深受壮族人民的喜爱。板鞋竞速是一项集群众性、娱乐性、竞速性于一体的民族传统体育，它吸引了各族人民共同参与，同时也是学校学生开展健身活动的项目之一。目前，板鞋竞速已被列入麻栗坡民族中学校本教材，对民族团结和民族体育的发展具有一定的促进作用。

蹴球：原称踢石球，是中华民族的体育明珠。1998年，全国许多省市均设有蹴球比赛项目，蹴球运动得到广泛开展，运动技术逐步提高。2009年，麻栗坡民族中学被县体育局定为麻栗坡县少数民族传统体育蹴球项目校点。目前，蹴球已被编入麻栗坡民族中学传统体育项目校本教材。

打陀螺：又称"抽陀螺""赶老牛""打猴儿""拉拉牛"等。以前，打陀螺是壮族青少年的最爱，在春节农闲时节常组织"村际陀螺锦标赛"，获胜者被称为"陀螺王"。1982年，云南省第三届少数民族传统体育运动会首次将陀螺列为表演项目。1989年在昆明召开了打陀螺规则研讨会。1991年在第四届全国民运会上打陀螺作为表演项目。1995年打陀螺被列为第五届全国民运会的正式比赛项目。目前，打陀螺项目已被列为麻栗坡民族中学传统体育项目并编入校本教材。

作者在云南省麻栗坡民族中学正门（2019年1月，摄于麻栗坡县城）

四、传统家庭教育形态

根据作者调查，在麻栗坡壮族地区，家族是家庭之上更大的社会细胞，是源于同祖同宗血缘观念的精神纽带。家族有族长，族长对本族成员具有保护、监督和管理之责，同时享有一定的威严与权力。麻栗坡当地壮族同胞告诉作者，壮族教育的传统源于家族教育。在壮族村，以前村口设有"和事"亭，村里推行"寨老制"。传统上，如果家庭内部出现矛盾，一般由老人出来调解，调解不成，再由族长、寨长进行调解（类似于村委会的调节功能），有时亲友也远道前来调解。虽然时过境迁，现今族长制已不存在，但村寨里仍有一些热心为人排解纠纷的老人或中年人在做类似的调解活动，这对于化解社会矛盾很有帮助。后来，随着家庭独立性的增强，家族更多只借助于传统力量和规范来影响家庭，家庭教育成为壮族教育的核心。壮族家庭比较和谐，少有大打出手、大声咒骂和酗酒闹事的，所以壮族人民普遍养成比较内向、温和的性格。

壮族家庭教育不保守，注重向汉族及其他民族学习，内容广泛并随时代的变化而更新。在调查中，作者发现：壮族传统教育主要涉及以防病治病知识、锻炼与卫生习惯、中草药的性能、鉴别等为主的健康教育；以语言使用与表达、语言交际等为主的语言教育；以勤劳为本的劳动观念教育；以交友睦邻、安全防卫、礼仪礼节等为主的生活知识教育；以农具使用、农作物种植、耕作、农事歌、牧歌、纺织歌、建房歌等为主的生产与技能知识教育；以动植物知识、山川河流知识、气象知识、季节知识、季节歌、鸟兽歌、牧歌等为主的自然知识教育。虽然随着时代的变迁，有些知识不再实用，但家庭教育里的核心思想却具有超时代的意义，应该作为优秀传统予以继承。

壮族擅长通过传说故事、民歌、民间长诗、壮剧和民间说唱来评价历史事件和历史人物，表达自己的是非观，以此一定程度上普及家族和家庭教育。例如，在麻栗坡，节日火塘边是通过民间故事进行家庭教育的好地点，许多发人深省的故事传说正是通过这样的机会发挥其功能。如今，图书馆、文化馆、体育馆、电影院、博物馆、展览馆和俱乐部的普遍建立，广播电视网络的覆盖，电脑进入家庭等都使家庭教育和社会教育焕然一新。在麻栗坡，壮乡专业和业余壮剧团使壮民随时感受具有时代色彩和教育意义的壮剧新剧目，新时代社会教育深入人心。

在与麻栗坡壮族同胞的同吃同住中，作者感受到壮族家庭对下一代做人规范的高度重视：老人或父母常常告诫孩子为人要正直，行为端正，不说假话，不信坏人；"勤劳节俭"被视作为人的根本，壮族孩子从小就被注入强烈的劳动意识。此外，"热情好客，朋友间要讲情义；孝敬父母，邻里间要和睦相处"也是壮族代代相传的美好品德。传统的家庭伦理道德教育使壮族孩子整体上健康向上、积极乐观、尊老爱幼、诚实善良，是少数民族在社会主义精神文明建设中的典范。

五、传统家庭生活形态

（一）传统服饰习俗

作为传统的农业民族，壮族妇女擅长纺织和刺绣，所织的壮布和壮锦以精美的图案和绚丽的色彩著称。壮服继承古代以蓝靛为染料的传统，以蓝、黑、棕三种颜色为主色调，独具古朴之风。

83岁老人正在向作者介绍布侬支系服饰（2019年1月，摄于新岔河村）

在调查中发现：麻栗坡衣饰继承了传统壮服的特点，多以蓝黑为主调，表现出稻作文化的底蕴。调查点新岔河村的乡亲热情地邀请作者穿上他们自己的民族服饰合影，留下了珍贵的纪念。从照片可以看到：壮族侬支系的衣着、布料均为自纺自织的土棉布。中青年妇女上穿对襟紧身衣，纽扣多为布纽或银纽，单数，一般是7~9对，衣角圆挽滚花边，下着长褶裙或长裤，下水或干活时常将侧摆挽于臀后。老年妇女裙腰在臀后挽结，形如鸟翘，上下装均着青色、黑色或深蓝色，头裹长帕并折成左右翘角，足穿绣花浅筒尖翘鞋，状如小船，颈戴银项圈，腕戴银手镯。与女服相比，男子服饰简单朴素，以当地土布缝制，多为破胸对襟唐装和扭裆长裤，均为青色（或黑色）或深蓝色，头包黑布帕。

作者与布侬支系合影（2019年1月，摄于新岔河村）

布侬支系婚恋信物与服饰（2018年7月，摄于文山博物馆）

（二）传统居住习俗

壮族多居住在南部地区，为适应山区地形和气候，曾经一直沿用"干栏"式住房，住房有上、下层，上层住人，下层养牲畜或存杂物，沿袭着古代百越民族的建筑特点。如今，绝大多数壮族居民已经搬进砖石或混凝土构造的楼房，"干栏"式住房或被拆除，或与新房对立，成为历史的见证。

作者在调查中发现，麻栗坡壮族常根据地势形状，选择后有高山，前面开阔、依山傍水的山麓建房而居。传统上，住房多为木质结构，高式建筑，内部布局以厅堂中轴线的神龛为中心，正中设神台和祖先牌位，火塘辅之，显示出祖先的尊严、家族的传统威力和男性的至尊。神龛所在的厅堂位居正中，卧室、厨房、客房围绕厅堂安排在两侧或后面，都以板壁隔开。神龛之后或不住人或住男性老人。其他人一般住楼上，通过隔板分出几个房间，老少分居，夫妻分居。农家干栏一层或一侧有猪栏鸡窝，几乎家家饲养，赖以供给蛋白质和脂肪。随着经济的发展，村民们的住房逐渐变成土木结构，盖瓦，楼下住人，楼上堆粮，畜与人分离，如今，越来越多的人家建起了砖混结构的平房或楼房。作者在新岔河村看到更多的是新建的楼房，在羊皮寨村则更多的是传统楼房。

布侬支系的传统木屋（2019年1月，摄于新岔河村）

布侬支系的传统土屋（2019年1月，摄于新岔河村）

布侬支系的传统卧室（2019年1月，摄于羊皮寨村）

（三）传统饮食习俗

作为最早栽培和种植水稻的民族之一，壮族的主食为稻米，这在麻栗坡尤为突出。

麻栗坡壮族主食是大米，对糯米也情有独钟，逢年过节、婚丧办事和访亲待友都离不开糯米，而且有很多不同的吃法，如把糯米做成千层粑（khau³dek⁹）、格裢粑（khau³dek⁹ta⁶ðeŋ²）、马脚杆粑（khau³faŋ⁴）、花糯米饭（khau³no¹la:i²）、甜白酒（lau³va:n¹）和米花（mi⁴hua²）等。

在新岔河村，热情的布侬村民用马脚杆粑（khau³faŋ⁴）和花糯米饭（khau³no¹la:i²）招待了作者。马脚杆粑被壮族称为"扣访"，用糯米浸泡滤干，拌上芝麻秆灰或稻穗秆灰搓揉，中间夹拌有盐巴、草果面和八角面的猪肉丝，用棕叶包扎成马脚形状，吃的时候放入锅内煮熟，味道香美且适合贮藏。另外，花糯米饭（khau³no¹la:i²）又称"五色花米饭"，把栽种的染色植物熬成汤浸泡糯米，将其染成青、蓝、紫、黄等颜色后滤干，拌蒸出的饭颜

53

色鲜艳，清香可口，是拜年、祭祖、上坟和青年男女约会的必备食品。在麻栗坡县隔壁的广南县旧莫乡有这样一个风俗，结婚时男方要包220个马脚杆粑（khau³faŋ⁴）到女方家接亲，过后女方家则把这220个马脚杆粑（khau³faŋ⁴）分给家族亲戚或者关系较好的邻居。

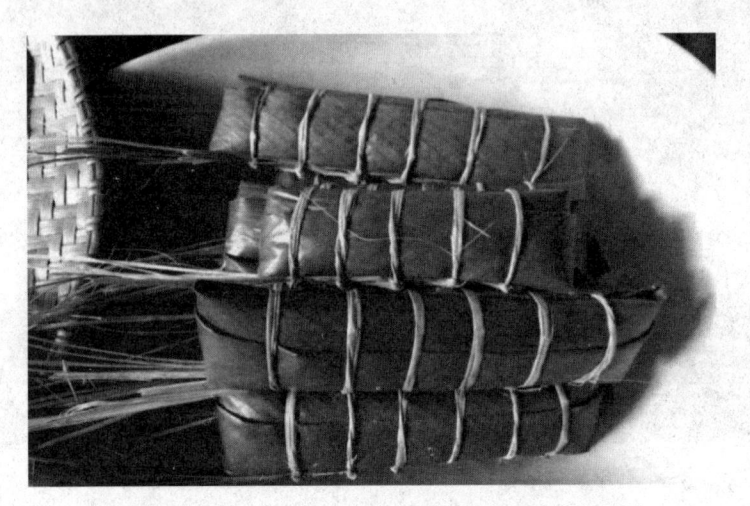

马脚杆粑（khau³faŋ⁴）（2019年1月，摄于新岔河村）

五色饭（khau³no¹la:i²）（2019年1月，摄于新岔河村）

五色"花糯米饭"配料（2019年3月，摄于丘北"花街节"）

麻栗坡壮族的蔬菜主要有笋类、青菜、白菜、萝卜、豆类、辣子和番茄等；肉食以猪、鸡和鸭为主；水果有芭蕉、甘蔗、桃、李、梨等。作者在与村民的聚餐中发现，壮民素菜荤腥不喜焖烂，几乎都是炒或煮七成熟。入户调查期间，还吃到壮族民间传统食品——芭夯鸡（phjak⁷ha:ŋ¹tsai⁵）。芭夯鸡（phjak⁷ha:ŋ¹tsai⁵）选刚开口叫的小公鸡肉，用独特的壮家酸汤制作，口感酸甜可口，既美味又健胃。

布侬村民款待作者的美食（2019年1月，摄于羊皮寨村）

（四）传统民间疗法

根据作者考证，古代壮族生活的地方多岚雾瘴气，对壮民生存造成极大的威胁。历史上，官府不问民间疾苦，壮族百姓只有依靠大量民间疗法自我救助，以天然草本为药物，以望诊、询诊、按诊、舌诊、脉诊、腹诊、甲诊、指诊为诊术，辅以针灸、刮痧、熏法、点穴、按摩、食物疗法等，逐渐形成了与中医相似而又同中有异的诊治疗法。壮族民间医药源远流长，不同的村寨和家庭还有各自的单方、秘方和验方。作者在麻栗坡就收集到一些曾流行于当地的"土方"：用竹片、木片、碗碟沿、姜片、银器等涂上茶油或醋进行刮疗治痧；用三年以上的淡猪油（完全没有炼化过的生猪油）外敷，治疗皮肤病；用自己泡制的药酒治疗跌打损伤；生吃老丝瓜子治疗小儿蛔虫病；生吃切碎的草果治疗腹痛；生吃碾碎的野生苦人参治疗腹泻；熬的水治疗感冒咳嗽等。

此外，据新岔河村老人们反映，很多草木类如肉桂、菖蒲、青蒿、茴香、藿香、田七、椿叶，果菜类如龙眼、木瓜、槟榔、佛手，矿物类如丹砂、灶土、硫黄、矿泉等都可入药或滋补。

如今，随着交通日益便利，医疗快速发展，当地壮族支系的群众生病后更多选择及时送医院治疗。但对于一般的咳嗽、感冒、寒热症、出血、外伤等症还是习惯于用解表、清热泻火、止血、消肿、外敷等传统验方处理。基本上，这里每家都有很多家传的老方法。对于在医院久治无效的人，自己或家人也会要求出院，回家改用古方治疗。20世纪80年代以来，壮医以它独特而有效的存在获得了医学界的认可，壮医著作得以出版，壮医课程得以开设，壮医正在成为宝贵的文化资源而得以保护和开发。

六、传统村落习俗

作者在麻栗坡发现：壮族村落常背靠大山，村前缠绕溪流沟渠，几户到几百户的同姓住在一个村落，他们是同一祖宗的后代，构成同姓村。同姓村由家庭分支构成的家族组成，住宅的排列受血缘关系远近的影响。一般情况下，亲兄弟分家后，住宅常彼此相邻，以便彼此关照，有事可以互相照应，对内可以获得心理安全感，对外则显示出家庭集团的凝聚力。壮族有较强的家族一体感，如果家族内的人获得功名，则全家族都倍感荣耀，认为祖坟好，佑及子孙。这种意识使村落各有个性，使语言出现不同特征，所以，不同村落的人聚到一起人们能很快分辨出谁是哪个村的。

除了同姓村，作者还深入到多姓村，这是由异姓家庭共建的村落。多姓村的出现是源于这些地区保持着族外婚的传统。因为同姓不婚，不同姓氏家庭之间很自然地形成姻亲关系。此外，还有以某姓家庭为主，其边缘散落一些异姓家庭的村落。这些家庭有的是因为与村落中某一户有姻亲关系而后迁来的，有的因购买该峒的边沿荒地，到此谋生，也有的是流浪至此，暂且安身，其中还包括从外省流浪来的汉族穷苦人和从越南嫁来的媳妇。

在新岔河村，作者还发现：壮民家族交往频繁，生活中互相帮助，随叫随到。特别是对于婚丧，各户皆视为自家的事，全力相助。此外，壮族村民热情好客，若一家有贵客，便被视为整个家族的贵客，要轮流宴请。春节和中元节（不同村寨习惯不同，主要集中在农历七月十四、十五、十六日），常挨家挨户轮流聚会。同时，邻里不分家族、姓氏和民族，按当地壮族人的规矩，有事必须相帮。亲友交往大多在春节、中元节和社节等较大节日里，或乔迁、婚嫁和丧葬等重大仪式典礼上。走亲访友，按规矩一般都带些礼物，节日带的是粽子（khau³faŋ⁴）、糍粑（khau³dek⁹）、五色花糯米饭（khau³no¹la:i²）、猪肉、鸡和鸭，平日里则带几个米饼。

新岔河村还保留着原始的共享风俗。例如，某家杀猪，一定宴请全村寨每家来一人聚餐，之后每人还带半斤肉回家，余下的才是主人家的。此外，村民们有事能自发组织在一起，相互邀约，相聚一家，积极配合，甚至主动帮助作者调查，表现出慷慨助人、热情好客的处世原则。

热情的布侬支系自发在村民家外做调查（2019年1月，摄于新岔河村）

七、传统节庆习俗

在历史长河中，壮族形成了很多独特的节日。壮乡几乎每月都有节庆，它们与壮族的原始宗教、生产方式、生活习惯息息相关，反映了壮民的社会文化和心理状态。根据调查，在麻栗坡最为隆重的传统节日有花街节、祭龙节和六月节。各节日的主要情况通过列表更为清晰：

传统节日	花街（吉糯来）节	祭龙节	六月节
日期	正月三十日，农历三月初三	农历二月初一至初三	农历六月初一
别称	开春歌舞节　壮族情人节 壮家串亲节　风流街		过小年 六郎节／七郎节 （说法不同）
活动／仪式	壮家贸易 壮乡美食展 男女盛装 打扮对歌，寻找伴侣 蒸制花糯米饭	初一祭"龙神"（弄遮、弄处） 初二、初三祭本村"农神"和"社稷神" 在"老人厅"或"土地庙"敬奉"土地神" 大祭宰牛、小祭杀猪宰鸡	1~3天内不做农活 宰牛杀鸡 做五色糯米饭 祭祀　抢花炮　赛马
习俗来源	庆祝壮家冲破包办婚姻的桎梏，争取自由恋爱择偶；传递春耕节令的信息	求龙神保护农事 保佑村寨和睦 保佑学生学业有成	纪念民族英雄侬智高

壮族"三月三"盛况（2019年3月，摄于丘北普者黑）

八、传统宗教与禁忌民俗

壮族的宗教和禁忌深受汉文化影响，有很多相似性。根据调查中所见所闻，主要发现有：

道教在麻栗坡壮族民间较为活跃，行孝报恩观、善恶报应观、人生轮回观、虔诚灵验论等道教教义在这里得以倡导。但是，这里的道教很大程度上也被"壮化"。例如，传统道教神祇里添加了壮族信仰的民族系列神；在操办丧事、超度亡灵等法事中，这里的道教吸收了许多壮族古老的丧葬民俗。此外，鬼神崇拜和祖先崇拜的原始宗教在麻栗坡很多村寨还相当浓厚。在入户调查中，作者走入壮家，进入厅堂后，映入眼帘的便是大堂正中的祖先神龛和神案，神龛正壁上书写"又门堂上历代宗亲考妣之神位"等字样，下面常常排列几个瓷香炉。每逢节日，壮族都要给祖先神灵供奉食品、点烛献香。

布侬支系的厅堂（2019年1月，摄于新岔河村）

壮族敬畏土地神，很多村寨都有社王庙以供奉神灵。在社王庙附近忌开垦、忌喧哗、忌入庙避雨、忌在周围便溺、忌砍伐割草（社祭前可清除杂草乱树、打扫卫生），以上禁忌皆因害怕得罪社神，遭灾惹祸。作者在麻栗坡调查时，恰逢春节前期，通过多方询问，了解到一些关于春节的禁忌：大年初一这天，乡民们忌串门；忌吃青菜，怕招虫；忌动剪，以免新的一年家人争吵；忌扫地，怕冲财；忌借东西，怕财外流；忌杀生，怕不吉利（宰猪杀鸡都在除夕前完成）。新岔河村的老人还告诉作者：大年初一，家里若有老人，家人忌梳头；大年初一，忌女性串门（据说被女性第一个串门的人家会招霉运），相反，村民欢迎男性第一个串门，男性串门之后，禁忌自然解除；忌初五以前烤火堂中断火。传统做法是，除夕在火堂里放一根大树充当"火娘"，"火娘"越大，来年饲养家畜越壮实、人丁越兴旺。

作者进入新岔河村调查前，被调查者家里刚好起新房。根据家中布侬老人讲述，壮族起房忌乱动土，要择吉日，房子起好了之后要杀鸡围房子绕一圈，感谢"土地神"赐予房子和土地，称为"台地南"（thai^{5}ti^{6}na:m^6）。另外，老人还介绍：以前，若在去请木匠的路上碰见扛锄人就不能去，怕起好房子后家人病亡，因为扛锄意味着挖坟坑。

在新岔河村调查时，恰逢村里老人过世，村民们告诉作者，确认老人去世后，首先要用布或者纸张把家中的"天地"遮起来。丧事是村中大事，无论哪家家中有人去世，只要到屋外燃放早已备好的两封短鞭炮，村里其他人闻声都会自发带上干柴、猪肉及鸡、鸭肉上门，一起帮助处理后事。以下拍到的照片能够生动呈现关于老人过世的习俗：

布侬老人去世后的门标（2019年1月，摄于新岔河村）

门头上写有"何日忘芝"的红纸是家里奶奶（82岁）过世时留下的门对横批，是做法事的先生写的，上下联已经自然脱落。根据民间习俗，家里有满80岁的老人过世称为"喜丧"，后事要当作喜事来办，基本上都用红纸红

61

布，不到80岁的都用白布白纸，称为"白事"。禁忌：门对要满三年才可以撕掉（除非自然脱落），就算是自然脱落，三年期间也不得更换门对。同时，三年内每年的正月十五以前的主家要选个好日子，邀请至亲好友同去墓地给老人拜年。另外，三年期间不得嫁娶和修建新房，如有非要嫁娶的必须要在老人过世当年内完成，称为"抢孝"。

在调查时，作者还发现：大部分壮族村民家里都养猪，关于养猪也有禁忌，刚买回家的猪不能马上入栏而是要从火上晃过去，表示驱邪防瘟。动物忌畸形，鸡鸭蛋忌双黄，遇到马上处理掉。在新岔河村，某家杀猪，全村帮忙，宴请亲朋好友和村里来帮忙的全家人来聚餐，之后会做"血灌肠"（熟糯米配上香料与新鲜的潮猪血搅拌均匀，装入洗干净的直肠内，蒸熟即可），壮语称为 tso^6，饭后亲友每人还带半斤肉或者"血灌肠"回家。

九、小结

著名语言学家邢福义先生在论著《文化语言学》的序言里说："语言是文化的符号，文化是语言的管轨。好比镜子或影集，不同民族的语言反映和记录了不同民族特定的文化风貌；犹如管道或轨道，不同民族的特定文化，对不同民族的语言的发展，在某种程度、某个侧面、某一层次上也起着制约的作用。"[1]正是语言与文化这种相互影响、相互制约的关系使语言的研究离不开文化的研究。作为特殊的文化现象，语言对各种文化元素构成的人文环境具有强烈的依附性。通俗地说，什么样的民族产生什么样的文化，什么样的文化产生什么样的语言，所以，在做民族语言调查的同时，民族文化的调查成为必然，这就是以上麻栗坡文化调查的根源，也为接下来对麻栗坡语言的调查和分析奠定了基础。

---

[1] 邢福义.文化语言学[M].武汉：湖北教育出版社，2000：序言.

第五章 布侬支系语言使用现状调查与分析

第一节 布侬支系及其语言概述

根据史料和调查，秦朝到汉代年间，中原王朝势力南下，不服汉化和不羁汉法的"百越族群"纷纷南迁，其中一部分正是壮族先民，他们的名称从古代的"西瓯""骆越""乌浒""僚""俚"和"獞"到中华人民共和国成立初期的"僮族"，历经更改，直到1965年才改为"壮"。根据文山学院民族研究所客座教授王明富多年考证，文山境内还有部分壮族过传统节日"景挫"和"景吉"节，这正是源于对北宋部族王灵——"南天国侬智高天子"的祭祀。1052年，民族英雄侬智高因不堪交趾侵略和朝廷镇压发动了震撼北宋王朝的民族战争，在此期间，部分侬军和族人迁入麻栗坡境内，与土僚支系构成现今的壮族。

根据州人民政府"文政发"〔1993〕171号文件，文山州曾在1957年召开专区各族各界人民代表大会，在会上讨论把当地壮族归化为侬、沙和土三大支系。因为定居的地域、服饰和语言等的不同，各支系有不同的自称和他称。其中，居住在麻栗坡县境内畴阳河两岸的侬支系即为"布侬"，还有"侬仰、濮侬、布雄、濮雄"等自称和"侬族、侬音、龙降、天保、甲州、东兰、隆安、傲人、黎族、黑衣"等他称，这里的居民自称为"布侬人"（为叙述方便，以下统称为"布侬村民"）。文山州麻栗坡县是布侬村民的主要聚居区，在时代变迁中，布侬村民逐渐分布到八布河（八豆河）、盘龙河、畴阳河和南利河沿岸，居住在麻栗镇、大坪、南温河、六河、杨万、新寨和八布等乡镇。

布侬村民有自己的民族语言——壮语，属于汉藏语系壮侗语族壮傣语支。现代壮语分为南、北两大方言，南部方言还分为9个土语区，其中包括文麻土语区。可见，麻栗坡县壮族存在着讲南部方言和北部方言的人。各土语内部又分为若干个小土语区，且常常隔一条河就不尽相同，有些地方甚至一个村寨都有某些有别于邻村的特点。据调查，麻栗坡县内壮族侬支系讲侬语，土支系讲土语。壮语生产、生活词汇丰富，能够充当日常交际工具，但现代科技词汇缺乏，大多借鉴汉语词汇。语法方面，壮语里的词类和词组的构成与功能和汉语相似，但在句法方面有很多自己的特点。

根据作者调查，新岔河村和羊皮寨村境内外的汉族几乎都从外省流入，主要讲古代南方语言的西南官话（滇、黔、川），他们的语言除保持原籍特有方言（土语）方音外，还有中原、浙江、粤桂一带的方言和方音。本地村民在与这些汉族相处的过程中，他们的本族语里自然混入一些汉语方言，日常谈话中所用的名词、动词、形容词和感叹词等也受到当地汉语方言的影响。

第二节 调查概况

（1）调查依据：语言使用实际上是人们在双语条件下的语言选择，即在什么情况下使用什么语言。由此，Fasold指出"作为集体长期的结果，语言选择关乎着语言的生存死亡"[①]。所以，研究语言群体在交往时使用什么语言对语言的维护起着关键作用。

基于此，作者首先了解到布侬村民目前普遍使用本族语和汉语方言（羊皮寨村称之为"明话"）进行交流，但随着汉语的普及和汉文化的深入，本族语正趋于弱化。为了分析语言生态环境对语言存亡的影响，作者围绕不同性

---

① FASOLD R. The Sociolinguitics of Society [M]. Oxford: Blankwell Publishers, 1984: 213.

别、年龄、文化程度和职业的布依村民语言使用情况和不同场合下布依村民的语言使用情况为调查重点，通过问卷和访谈的方式对布依村民的语言选择、语言态度和语言情感等现状进行考察。为了获得较为充实的数据，调查范围涉及两个较为典型的壮族自然村，调查结果也可为其他壮族聚居区提供参考。

（2）调查目的：获取布依村民语言使用现状、语言选择、语言态度和语言情感的数据。

（3）调查时间：2019年1月。

（4）调查对象：新岔河村和羊皮寨村村民。

（5）调查方法：首先，通过村民委员会获得两个村的村民花名册；其次，围绕语言生态环境的宏观和微观因素设计调查问卷（见附录）；最后，选取随机抽样，对新岔河村和羊皮寨村村委会村民，发放调查问卷。作者根据调查问卷使用汉语进行问答式调查（有相当一部分人不识字），有少数人愿意接受使用本族语做调查（有当地村民自愿做翻译）。

（6）抽样：鉴于调查时间较短且调查期间不逢年节，外出打工者没有返乡等情况，为了获得有效值范围，特选定距离县城较近和较远的两个村寨，采用选择抽样法，抽取适当数量的年轻女性、年轻男性、年长女性、年长男性和儿童来回答问卷。所搜集的材料能显示出布依村民语言生态环境的基本现状。

（7）调查对象基本信息，详见表5.1：

表5.1 调查对象基本信息

基本信息		调查人数	比例
有效问卷数		92	
性别	男	40	43%
	女	52	57%

续表

基本信息		调查人数	比例
年龄段	10岁以下	8	8.7%
	10~19岁	9	9.8%
	20~29岁	14	15.2%
	30~39岁	15	16.3%
	40~49岁	15	16.3%
	50~59岁	16	17.4%
	60岁以上	15	16.3%
民族	壮族	84	91.3%
	汉族	6	6.5%
	彝族	2	2.2%
文化程度	未上过学	4	4.3%
	小学	42	45.7%
	初中	32	34.8%
	高中	6	6.5%
	大学（包括大中专）	8	8.7%
职业	务农	52	56.5%
	打工	18	19.6%
	学生	15	16.3%
	教师、公务员、医生等	7	7.6%

（8）汇总分析：本次调查除重点访谈之外，共发放问卷98份，实际收回95份，有效问卷92份，有效回收率达94%。调查对象中有84人为壮族，占总数的91.3%，6人汉族，2人彝族，比例极小，都是嫁入的女性。数据表明：调查点为壮族聚居村。调查对象性别：在92份样本中，男性40人，占调查总人数的43%；女性52人，占调查总人数的57%。数据表明：女性被调查者数

量略高于男性。

调查对象年龄：在92份样本中，年龄范围为6~90岁。其中，10岁以下的有8人，占8.7%；10~19岁的有9人，占9.8%；20~29岁的有14人，占15.2%；30~39岁的有15人，占16.3%；40~49岁的有15人，占16.3%；50~59岁的有16人，占17.4%；60岁以上的有15人，占16.3%。数据表明：大多数年轻人都在外读书或打工，村里居民以中老年人为主。

调查对象文化程度：在92份样本中，未上过学的有4人，占4.3%；上过小学的有42人，占45.7%；上过初中的有32人，占34.8%；读过高中的有6人，占6.5%；读过大学的有8人，占8.7%。数据表明：当地居民普遍受过教育但程度不高。

调查对象职业：在92份样本中，在家务农的有52人，占56.5%；外出打工的有18人，占19.6%；学生有15人，占16.3%；教师、公务员、医生等有7人，占7.6%。数据表明：被调查者主要以务农为主。

第三节　语言选择状况调查

语言选择是人们在交际中使用语言的外在行为，不同的人群因各种原因而选择不同的语言。作者和部分成员深入调查村，进行了为期5天的直接观察，在家庭、学校、集市、职能部门等场所，以不打扰、不介入的方式观察并记录调查对象在真实情景中的语言使用。观察发现：在两个被调查的自然村里，村民主要使用本族语和汉语，根据结果，设计了本族语和汉语使用对比情况的调查问卷。

因为本研究是分析布依村民的语言使用情况，所以，以下分析排除8位非壮族，进一步调查与分析的实际样本数为：84。

一、本族语与汉语使用能力对比

作者依据听和说的标准把布侬村民的语言使用能力分为会说、略懂和不会三个等级。"会说"指能流利使用本族语（或汉语），交流没有障碍；"略懂"指能听懂但不能说，或者只能进行简单的日常会话。"不会"即听不懂也不会说。

表5.2　布侬村民本族语能力统计

调查对象（人）	会		略懂		不会	
	人数	比例	人数	比例	人数	比例
84	59	70.2%	15	17.9%	10	11.9%

表5.3　布侬村民汉语能力统计

调查对象（人）	会		略懂		不会	
	人数	比例	人数	比例	人数	比例
84	75	89.3%	9	10.7%	0	—

从表5.2和表5.3可以看到：在被调查的84名布侬村民中，能够使用本族语的有59人，占70.2%；能够使用汉语的有75人，占89.3%。略懂本族语的有15人，占17.9%；略懂汉语的有9人，占10.7%。不懂本族语的有10人，占11.9%；不懂汉语的人数为0。

以上数据对比表明：本族语和汉语是布侬村民的主要交际用语；本族语在布侬村民聚居的新岔河村和羊皮寨村依然保持明显的活力；汉语使用者的比例明显高于本族语使用者，本族语在汉语的影响下正趋于弱势。

二、不同人群本族语与汉语能力差异分析

（一）性别差异

表5.4　不同性别布侬村民本族语能力统计

性别	样本数	会 人数	会 比例	略懂 人数	略懂 比例	不会 人数	不会 比例
男	40	29	72.5%	7	17.5%	4	10%
女	44	30	68.2%	8	18.2%	6	13.6%

表5.5　不同性别布侬村民汉语能力统计

性别	样本数	会 人数	会 比例	略懂 人数	略懂 比例	不会 人数	不会 比例
男	40	36	90%	4	10%	0	—
女	44	39	88.6%	5	11.4%	0	—

从表5.4和表5.5可以看到：在被调查的84人中，有40人为男性，有44人为女性，男女比例相对平衡。其中，29名男性会讲本族语，占被调查男性人数的72.5%；30名女性会讲本族语，占被调查女性人数的68.2%。36名男性会讲汉语，占90%；39名女性会讲汉语，占88.6%。7名男性略懂本族语，占17.5%；8名女性略懂本族语，占18.2%。4名男性略懂汉语，占10%；5名女性略懂汉语，占11.4%。4名男性不会本族语，占10%；6名女性不会本族语，占13.6%。男性和女性调查对象无人不会汉语。

以上数据对比表明：从性别而言，各组比例均显示男性和女性语言能力相差不大，性别对语言能力基本没有太大影响。但是，男女被调查者的汉语能力都明显远高于其本族语能力，在很大程度上，汉语正取代本族语，成为布侬村民的族群通用语。

作者正在调查男性布侬村民（2019年1月，摄于新岔河村）

作者正在调查女性布侬村民（2019年1月，摄于新岔河村）

（二）年龄差异

根据语言习得的特点，作者将被调查者的年龄划分为七段：10岁以下，10~19岁，20~29岁，30~39岁，40~49岁，50~59岁和60岁以上。根据年龄段，调查分析他们的语言能力。

表5.6　不同年龄段布依村民本族语能力统计

调查对象（人）	年龄段	样本数	会 人数	会 比例	略懂 人数	略懂 比例	不会 人数	不会 比例
84	10岁以下	7	1	14.2%	3	42.9%	3	42.9%
	10~19岁	8	1	12.5%	3	37.5%	4	50%
	20~29岁	11	3	27.3%	5	45.5%	3	27.3%
	30~39岁	11	10	90.9%	1	9.1%	0	—
	40~49岁	14	11	78.6%	3	21.4%	0	—
	50~59岁	15	15	100%	0	—	0	—
	60岁以上	18	18	100%	0	—	0	—

表5.7　不同年龄段布依村民汉语能力统计

调查对象（人）	年龄段	样本数	会 人数	会 比例	略懂 人数	略懂 比例	不会 人数	不会 比例
84	10岁以下	7	7	100%	0	—	0	—
	10~19岁	8	8	100%	0	—	0	—
	20~29岁	11	11	100%	0	—	0	—
	30~39岁	11	11	100%	0	—	0	—
	40~49岁	14	12	85.7%	2	14.3%	0	—
	50~59岁	15	15	100%	0	—	0	—
	60岁以上	18	11	61%	7	38.9%	0	—

从表5.6和表5.7可以看到：在被调查的84人中，10岁以下有7人，其中，1人会讲本族语，占14.2%，3人略懂本族语，占42.9%，3人不会本族语，占42.9%；7人会讲汉语，占100%。10~19岁有8人，其中，1人会讲本族语，占12.5%，3人略懂本族语，占37.5%，4人不会本族语，占50%；8人会讲汉语，占100%。20~29岁有11人，其中，3人会讲本族语，占27.3%，5人略懂本族语，占45.5%，3人不会本族语，占27.3%；11人会讲汉语，占100%。30~39岁有11人，其中，10人会讲本族语，占90.9%，1人略懂本族语，占9.1%；11人会讲汉语，占100%。40~49岁有14人，其中，11人会讲本族语，占78.6%，3人略懂本族语，占21.4%；12人会讲汉语，占85.7%，2人略懂汉语，占14.3%。50~59岁有15人，其中，15人会讲本族语，占100%；15人会讲汉语，占100%。60岁以上有18人，其中，18人会讲本族语，占100%；11人会讲汉语，占61%，7人略懂汉语，占38.9%。

以上数据对比表明：年龄因素对语言能力有相当影响，不同年龄调查对象呈现出明显的语言差异。具体而言，绝大多数布侬村民是汉语使用者，群体的汉语能力明显高于本族语能力；中老年布侬村民的本族语能力远高于青少年，青少年的汉语使用能力略高于中老年；本族语在布侬村民群中具有较强的生命力，但本族语的传承出现断代趋势，前景堪忧。

作者与被调查者：高龄布侬村民（92岁）合影（2019年1月，摄于新岔河村）

作者正在调查低龄布依儿童（8岁）（2019年1月，摄于新岔河村）

（三）文化程度差异

作者依据不同的文化程度将被调查者划分为5个程度：未上过学，小学，初中，高中，大中专（包括本科、大专和中专），调查结果如表5.8和表5.9所示。

表5.8 不同文化程度布依村民本族语能力统计

调查对象（人）	文化程度	样本数	会 人数	会 比例	略懂 人数	略懂 比例	不会 人数	不会 比例
84	未上过学	3	3	100%	0	—	0	—
	小学	39	28	71.8%	7	17.9%	4	10.3%
	初中	24	19	79.2%	4	16.7%	1	4.2%
	高中	10	6	60%	2	20%	2	20%
	大中专	8	3	37.5%	2	25%	3	37.5%

表5.9 不同文化程度布侬村民汉语能力统计

调查对象（人）	文化程度	样本数	会 人数	会 比例	略懂 人数	略懂 比例	不会 人数	不会 比例
84	未上过学	3	0	—	3	100%	0	—
	小学	39	33	84.6%	6	15.4%	0	—
	初中	24	24	100%	0	—	0	—
	高中	10	10	100%	0	—	0	—
	大中专	8	8	100%	0	—	0	—

从表5.8和表5.9可以看到：在被调查的84人中，未上过学的3人都会本族语，占100%；3人略懂汉语，占100%。读过小学（或在读幼儿园）的39人中，28人会本族语，占71.8%，7人略懂本族语，占17.9%，4人不会本族语，占10.3%；33人会汉语，占84.6%，6人略懂汉语，占15.4%。上过初中的24人中，19人会本族语，占79.2%，4人略懂本族语，占6.7%，1人不会本族语，占4.2%；24人都会汉语，占100%。上过高中的10人中，6人会本族语，占60%，2人略懂本族语，占20%，2人不会本族语，占20%；10人都会汉语，占100%。上过大中专的8人中，3人会本族语，占37.5%，2人略懂本族语，占25%，3人不会本族语，占37.5%；8人都会汉语，占100%。

以上数据对比表明：文化程度没有引起汉语能力的差异，不同文化程度的布侬村民大部分能使用汉语，汉语已经成为各个群体的通用语；文化程度对本族语能力有较大影响，总的趋势是：文化程度低的布侬村民本族语水平较高，但不排除个别现象。

（四）职业差异

为了更为详细地了解布侬村民的语言使用情况，作者还从调查对象所从事的主要职业：务农、学生、打工者、教师和公务员（包括医生），对84位被调查者进行调查和统计分析，具体如表5.10和表5.11所示。

表5.10　不同职业布依村民本族语能力统计

调查对象（人）	职业	样本数	会 人数	会 比例	略懂 人数	略懂 比例	不会 人数	不会 比例
84	务农	45	37	82.2%	7	15.6%	1	2.2%
	打工	17	13	76.5%	3	17.6%	1	5.9%
	学生	15	4	26.7%	4	26.7%	7	46.7%
	教师、公务员、医生	7	4	57.1%	2	28.6%	1	14.3%

表5.11　不同职业布依村民汉语能力统计

调查对象（人）	职业	样本数	会 人数	会 比例	略懂 人数	略懂 比例	不会 人数	不会 比例
84	务农	45	39	86.7%	6	13.3%	0	—
	打工	17	17	100%	0	—	0	—
	学生	15	15	100%	0	—	0	—
	教师、公务员、医生	7	7	100%	0	—	0	—

从表5.10和表5.11可以看到：在被调查的84人中，45人在家务农，其中，37人会本族语，占82.2%，7人略懂本族语，占15.6%，1人不会本族语，占2.2%；39人会汉语，占86.7%，6人略懂汉语，占13.3%。17人在外打工，其中，13人会本族语，占76.5%，3人略懂本族语，占17.6%，1人不会本族语，占5.9%；17人全会汉语，占100%。15人为学生，其中，4人会本族语，占26.7%，4人略懂本族语，占26.7%，7人不会本族语，占46.7%，15人全会讲汉语，占100%。7人为教师、公务员或医生，其中，4人会本族语，占57.1%，2人略懂本族语，占28.6%，1人不会本族语，占14.3%；7人全会汉语，占100%。

以上数据对比表明：除6人（务农）略懂汉语外，其他不同职业的布依村民都会讲汉语，汉语是不同布依村民群的通用语；不同职业对本族语能力有较大影响。总的来说，在家务农的布依村民本族语能力远超其他在外打工、求学或工作的布依村民。

（五）语域差异

Fishman 指出，在特定的语言背景下，一种语言比另一种语言更为恰当，这种背景即语域（domain）[①]，是语言人群在一定时间、背景和角色关系中结合而成的活动圈子，是研究语言使用的一个有效方法。常见的语域包括家庭、学校、集市和职能部门（正式语域）等，语言的威望程度随语域而改变。在中国，一般情况下，少数民族语言在家庭语域下威望较高，被家庭成员认为是"必要或至少非常重要的"[②]；在学校和职能部门等语域则成为低威望语言，受到忽视，被认为不必要。可见，语言的选择因语域而异，研究不同语域下的语言使用情况对于研究语言的生态环境具有重大意义。

通常情况下，语言的选择和使用因场合差异而有不同特点。新岔河村和羊皮寨村是使用"壮语—汉语"的双语型社区：壮语和汉语既有分工，又有互补。在某些场合中，既可以使用壮语，又可以使用汉语。具体选择使用哪一种语言，完全取决于对话双方的语言能力和交际需要，不同语域下布依村民的语言选择情况调查结果分别呈现如下。

1. 家庭内部

家庭是人们的生活核心，调查家庭语域里的语言使用情况，可以预测语言的生存活力。针对本族语、汉语和双语调查的具体情况如表5.12所示。

表5.12 布依村民在家里的语言选择统计

调查对象（人）	语域	说本族语 人数	说本族语 比例	说汉语 人数	说汉语 比例	双语兼用 人数	双语兼用 比例
84	家里	17	20.2%	31	36.9%	36	42.9%

[①] FISHMA J. Conference Summary Maintenance and Loss of Minority Language [M]. Amsterdam: John Benjamins, 1992: 395-403.

[②] EDWARD J. Language Minorities and Maintenance [J]. Annual Review of Applied Linguistics, 1997(17): 34.

从表5.12可以看到：在被调查的84人中，在家里，17人讲本族语，占20.2%；31人讲汉语，占36.9%；36人本族语、汉语兼用，占42.9%。

为了获得更为详细的数据，作者排除只说汉语的31人，在只说本族语的17人和双语兼用的36人中，分别从与"爷爷、奶奶，父母，配偶，兄弟姊妹，子女"交流时的语言选择进行考察，调查结果如表5.13所示。

表5.13 布侬村民与不同家庭成员的语言选择统计

调查对象（人）	家里	讲本族语 人数	讲本族语 比例	讲汉语 人数	讲汉语 比例	讲双语 人数	讲双语 比例
53	与爷爷、奶奶	50	94.3%	1	1.89%	2	3.77%
	与父母	48	90.6%	2	3.77%	3	5.66%
	与兄弟姊妹	39	73.6%	8	15.1%	6	11.3%
	与配偶	38	71.7%	12	22.7%	3	5.66%
	与子女	17	32.1%	31	58.9%	5	9.43%

从表5.13可以看到：在会讲本族语和双语的53人中，家庭语域里，与爷爷、奶奶交流时讲本族语的有50人，占94.3%；讲汉语的有1人，占1.89%；本族语、汉语兼用有2人，占3.77%。与父母交流时，讲本族语的有48人，占90.6%；讲汉语的有2人，占3.77%；本族语、汉语兼用的有3人，占5.66%。与兄弟姊妹交流时，讲本族语的有39人，占73.6%；讲汉语的有8人，占15.1%；本族语、汉语兼用的有6人，占11.3%。与配偶交流时，讲本族语的有38人，占71.7%；讲汉语的有12人，占22.7%；本族语、汉语兼用的有3人，占5.66%。与子女交流时，讲本族语的有17人，占32.1%；讲汉语的有31人，占58.9%，本族语、汉语兼用的有5人，占9.43%。

以上数据对比综合表明：在家庭语域里，只讲本族语的人数明显低于用汉语和双语的人数，可见，即使在家里，壮语也逐渐失去了生存的空间，发展处于困境。同时，在家里，布侬村民趋向于因不同的对象选用不同的语言。中、老年配偶之间，中、老年父母与孩子之间，中、老年兄弟姐妹之间主要讲本族语；中年父母与孩子之间，老年人与孙子、孙女辈之间讲汉语。总的来说，长辈和同辈交流多使用本族语，与晚辈交流多使用汉语。

这主要源于五个原因：一是老年人很少到外地，接触汉语的机会少，汉语水平不高，对其而言使用本族语交流更为方便；二是很多中老年人不像年轻人那样容易受汉语的冲击，日常生活中的交流仍习惯用本族语；三是因为在上学、打工等过程中青少年和年轻人在汉语的大环境里成长和熏陶，本族语能力逐渐丧失；四是族际婚姻造成本族语的自然流失；五是极少数家庭轻视本族语，会讲却不愿讲或不习惯讲，当老人尝试用本族语与年轻人交流时，年轻人只用汉语回答，久而久之，老年人失去信心，只能随年轻人讲汉语，并逐渐形成习惯，在中年父母群中，该现象尤为凸显。

新岔河村一位布依村民告诉笔者："他在家里讲双语：和父亲讲壮语，但要和妻子讲汉语，因为她是外地汉族。由于母亲对下一代的语言影响非常大，他们的女儿能听懂少量壮语但只会说汉语。"同样的情况在族际婚姻家庭里更为普遍。

2. 集市

表5.14　布依村民在集市的语言选择统计

调查对象（人）	语域	说本族语		说汉语		双语兼用	
		人数	比例	人数	比例	人数	比例
84	集市	1	1.19%	53	63.1%	30	35.7%

从表5.14可以看到：在被调查的84人中，在赶集时，只有1人讲本族语，占1.19%；有53人讲汉语，占63.1%；本族语、汉语兼用的有30人，占35.7%。

从调查中获悉：集市和商店是商品的集散地，人口流动性大，常汇聚了不同的民族。据多位村民反映，新岔河村和羊皮寨村的布依村民一般到乡上赶集，他们在集市上基本遵循这样的交流原则：除了碰到壮族熟人之外，一般都讲汉语，买卖东西更趋向于用汉语。所以，汉语的使用频率更高。在集市上只讲本族语的是新岔河村壮族罗贵仙老人，今年87岁，她会讲一定的汉语，她告诉作者：因上了年纪她很少赶集，但前些年赶集碰到的大多是本村人，大家都只讲本族语。这应该是一个特例。

3. 学校

表5.15 布依村民在学校的语言选择统计

调查对象（人）	语域	说本族语		说汉语		双语兼用	
		人数	比例	人数	比例	人数	比例
78	学校	1	1.28%	74	94.9%	3	3.85%

从表5.15可以看到：在84份有效答卷里，6份缺失"学校语用情况"，这其中有4份的填写人是80岁以上的老人；有2份注有：未上过学。所以，该项的样本数只有78人。

在被调查的78人中，有1人选择在学校里说本族语，占1.28%，这是一位48岁的壮族妇女，据她反映，因为小时候不会讲也听不懂汉语，她小学二年级就辍学了，在后来的生活中又学会了汉语，现在的汉语能力很娴熟。有3人选择使用双语，占3.85%，其中，1位是55岁的小学退休教师，她告诉笔者，她在任教期间，上课用普通话，下课时则与壮族学生讲本族语，与其他民族学生讲汉语方言。讲双语的其他2位是中年男性壮族，他们反映，在学生时代，他们与老师交流用汉语，但下课后与同学交流喜欢用本族语。除此之外，在调查对象里有74人讲汉语，占94.9%。其中，所有中小学生、大学生在学校里都只讲汉语，没有在读的爷爷或奶奶，爸爸或妈妈为了孩子在学校里与老师们交流时也只用汉语。现在，学校里的汉族或是壮族老师在课堂上下都只使用普通话或汉语方言，因为他们没有碰到需要壮语辅助教学的学生。

4. 职能部门

表5.16 布依村民在职能部门的语言选择统计

调查对象（人）	正式语域	说本族语		说汉语		双语兼用	
		人数	比例	人数	比例	人数	比例
70	职能部门	0	—	36	51.4%	34	48.6%

在被调查的84人中，有9人为13岁以下孩童，据他们说，他们没有去过村民委员会、邮局、银行等办公场所，所以没有做出选择；1名81岁的男性壮族人也说不去这些地方，没有做出选择。排除以上，从表17可以看到：在其他70名调查者中，没有人在这些语域里只说本族语，36人选择了汉语，占51.4%；有34人说碰到什么民族的干部或办事人员就说什么语言，所以选择用双语，占48.6%。

以上数据对比表明：壮语和汉语都是办公场所的主要交流工具，但是汉语发挥作用更为明显。调查中，羊皮寨村一位布侬村民告诉笔者："村委会、村卫生室和储蓄所的工作人员大多数是汉族，我们去办事的时候如果讲壮语，他们大部分都听不懂，我们还是得讲汉语，所以干脆一到这些地方办事，就直接说汉语，这样方便。"在乡政府走访时，笔者看到很多壮族群众到乡镇政府办事，遇到壮族干部说壮语，遇到汉族干部说汉语，也有的群众无论遇到什么民族的工作人员，都只说汉语。为了避免产生误会，职能部门工作人员都使用汉语与前来看病和办事的布侬村民交流，所以，村民们大多也使用汉语作答。

总之，通过对布侬村民在家里、集市、学校和职能部门不同语域里语言选择的对比，可以看到：在家里讲本族语的人数比明显高于其他语域，家庭仍然是本族语传承的重要场地。

第四节 布侬支系常用词汇与语句调查

一、发音人信息

发音人1

基本情况

姓名：沈才辉

年龄：80岁

性别：男

民族：壮族侬支系

职业：务农

出生年月（公历）：1939.11.06

出生地：云南省文山州麻栗坡县麻栗镇新岔河村

文化程度：小学

主要经历：1965—1971　　生产队出纳员

　　　　　1972—1976　　生产队仓管员

　　　　　1977至今　　　务农后养老

生育3名子女，长子沈兴平，次女沈礼妹，三女幼年早夭

会说哪几种话：壮语，汉语方言

现在主要说什么话：壮语，汉语方言

配偶情况：陆忠香（2018年7月故），麻栗坡县麻栗镇董占村村民小组壮族侬支系、说壮语、汉语方言

通信地址：麻栗坡县麻栗镇新岔河村村民小组

提供的语音资料：工作用语，日常劳作出行用语，日常饮食起居用语，人事交际用语，小故事

作者与发音人沈才辉老人（2019年1月，摄于新岔河村）

发音人 2：沈兴平

发音人 2

基本情况

姓名：沈兴平

年龄：57 岁

性别：男

民族：壮族侬支系

职业：务农

出生年月（公历）：1962.08.06

出生地：云南省文山州麻栗坡县麻栗镇新岔河村

文化程度：普通高中

主要经历：1984 年 4 月加入中越自卫反击战民工连，且荣立三等功一次

　　　　　1985 年 9 月—1987 年 6 月　新岔河小学代课

　　　　　2006—2016　新岔河村党支部书记（1985 年 10 月入党）

　　　　　　　其余时间或打零工或务农

　　　　　　　生育有两女，长女沈兰优，次女沈发茜

会说哪几种话：壮语、汉语方言、普通话

现在主要说什么话：壮语、汉语方言

配偶情况：陆万猜，八布乡羊皮寨村人壮族侬支系，说壮语、汉语方言、普通话

通信地址：麻栗坡县麻栗镇新岔河村村民小组

提供的语音资料：常用词语

二、常用词语

词是语言的建筑材料，通过表达概念反映客观事物，是语言里最活跃、最直接和最敏感的文化载体。词的调查不仅是认识语言的基本环节，也是认识一个民族社会、文化、历史和生活方式等的必需要素。

本书研究的重点是调查布侬村民的语言生态环境，但作者认为，了解一定的语言本体有助于窥见布侬村民的文化特点。所以，参考中央民族大学黄布凡主编的《藏缅语族语言词汇调查大纲》列出的词类（《语言调查教程》），作者从"天文、地理，人体器官，人物亲属，动植物，用品工具，方位，时间，数量，代替、指示、疑问，性质、状态，动作行为"十一个方面对布侬村民的常用词汇进行录音和记音。具体情况如下：

（一）天文地理

刮风	$lam^{33}pau^{21}$
下雨	$loŋ^{33}phan^{24}$
闪电	$fa^{55}mep^{42}$
天	fa^{55}
晴天	$fa^{55}det^{21}$
太阳	$tha:ŋ^{24}van^{33}$
月亮	$ʔan^{24}ha:i^{24}$
山	$ʔan^{24}po^{24}$
石头	$phja^{24}$
水	nam^{55}
火	fai^{33}

灰	thau⁴²
泥	naːm⁴²
金	tɕim²⁴
银	ŋan³³
铜	toŋ³³
铁	lek⁵⁵

（二）人体器官

脑袋	ʔan²⁴thu²⁴
头发	khon²⁴thu²⁴
眼睛	luk⁴²tha²⁴
鼻子	ʔan²⁴daŋ²⁴
嘴巴	pak²¹
耳朵	mɯ²⁴tshu²⁴
牙齿	fan³³
舌头	bɯ²⁴lin⁵⁵
手	moŋ³³
手指	niu⁵⁵moŋ³³
心（心好）	tsɯ²⁴（tsɯ²⁴dai²⁴）
肠子	sai²²
脚	kha²⁴

（三）人物亲属

哥哥	pi⁴²tsaːi³³
嫂子	pi⁴²naːŋ³³
弟弟	noŋ⁵⁵tsaːi³³
弟媳	me⁴²na⁴²
姐姐	pi⁴²ɲiŋ³³
姐夫	ti²²laːŋ³³
妹妹	noŋ⁵⁵ɲiŋ³³

妹夫	noŋ⁵⁵khoi²⁴
儿子	luk⁴²tsa:i³³
女儿	luk⁴²ɲiŋ³³
大人	kon³³tɯ⁵⁵
小孩	kon³³ʔe⁵⁵
男子	phu²²tsa:i³³
妇女	phu²²ɲiŋ³³
姑娘	luk⁴²sa:u²⁴
小伙子	luk⁴²ba:u²¹
婴儿	ti²²ʔe⁵⁵
老人家	kon³³tɕe²¹
老板	la:u⁵⁵ pa:n⁵⁵

（四）动植物

狗（黑狗，狗崽）	ti²²ma²⁴（ma²⁴dam²⁴ ma²⁴ʔe⁵⁵）
牛（牵牛，牛犊）	ti²²va:i³³（tsoŋ²⁴va:i³³ va:i³³ʔe⁵⁵）
马（牵马，马驹）	ti²²ma⁵⁵（tsoŋ²⁴ma⁵⁵ ma⁵⁵ʔe⁵⁵）
猪（肥猪，杀猪）	ti²²mu²⁴（mu²⁴pi³³ kha²²mu²⁴）
鸡（杀鸡，鸡崽）	ti²²tsai²¹（kha²²tsai²¹ tsai²¹ʔe⁵⁵）
鸭（杀鸭，鸭崽）	ti²²pat⁵⁵（kha²²pat⁵⁵ pat⁵⁵ʔe⁵⁵）
水稻	khau²²na³³
玉米	khau²²hu⁴²
油菜	phjak⁵⁵ju³³
甘蔗	ʔo:i²²

（五）用品工具

床	ʔan²⁴tso⁵⁵
被子	ʔan²⁴fa³³
席子	phan²⁴fok³¹
蚊帐	ʔan²⁴dit²¹

扇子	pha²⁴vi³³
衣服	koŋ³³θɿ²²
裤子	koŋ³³kwa²¹
袜子	met³¹
鞋子	ha:i²²
帽子	ʔan²⁴tu³³
桌子	ʔan²⁴tsuŋ³³
凳子	ʔan²⁴taŋ²¹
灯	joŋ³³
筛子	ʔan²⁴tsha:ŋ²⁴
簸箕	ʔan²⁴doŋ²²

（六）方位

上面	den²¹nə²⁴
下面	den²¹tau²²
前面	to²¹na²²
后面	fa:i⁴²la:ŋ²⁴
里面	beŋ²¹di²⁴
外面	beŋ²¹nok⁴²
左边	beŋ²¹θa:i⁵⁵
右边	beŋ²¹θa²⁴
中间	tin⁴²tsa:ŋ²⁴

（七）时间

今天	hon³³nai⁴²
明天	hon³³pik⁴²
昨天	hon³³ŋwa³³
前天	hon³³θin³³
后天	hon³³man⁵⁵
早上	tsaŋ²⁴nau²⁴

晚上	tsaŋ²⁴ham⁴²
现在	ka:u²⁴nai⁴²
刚才	ka:u²⁴du²¹
去年	pi²⁴kwa²¹
今年	pi²⁴nai⁴²
明年	pi²⁴mɯ²¹

（八）数量

一	ʔat⁵⁵
二	ŋi²²
三	θa:m²⁴
四	θi²¹
五	ha²²
六	tshok⁵⁵
七	tɕet⁵⁵
八	pet²¹
九	kau²²
十	θip⁵⁵
十一	θip⁵⁵ʔat⁵⁵
十二	θip⁵⁵ŋi²²
二十	ŋi²²θip⁵⁵
三十	sa:m²⁴θip⁵⁵
一千	theŋ²⁴
一个人	tu²⁴kon³³lu⁵⁵
一栋房	ʔan²⁴ðən³³lu⁵⁵
一头牛	tu²⁴va:i³³lu⁵⁵
一只猫	tu²⁴meu²¹lu⁵⁵
一只鸡	tu²⁴tsai²¹lu⁵⁵
一条鱼	tu²⁴pja²⁴lu⁵⁵

一粒米　mat⁵⁵khau²²θa:n²⁴lu⁵⁵

一张桌　ʔan²⁴tsuŋ³³lu⁵⁵

一个瓜　ʔan²⁴fak³³lu⁵⁵

一个碗　ʔan²⁴va:n²¹lu⁵⁵

一个村子　ʔan²⁴loŋ²¹lu⁵⁵

一条路　kha²⁴lo³¹lu⁵⁵

一根绳　san²²tɕɯk³¹lu⁵⁵

一棵树　tsam³³ma:i⁵⁵lu⁵⁵

一朵花　ku³³dok²¹lu⁵⁵

（九）代替、指示、疑问

我（我家，我母亲）　ku⁵⁵ ðən³³ku⁵⁵ me³¹ku⁵⁵

你（你家，你母亲）　maɯ³³ ðən³³maɯ³³ me³¹maɯ³³

他（他家，他母亲）　ði⁵⁵ ðən³³ði⁵⁵ me³¹ði⁵⁵

我们（我们村）　kai³¹ðau³³ ðoŋ²¹ðau³³

你们（你们村）　kai³¹tshɯ³¹ ðoŋ²¹tshɯ³¹

他们（他们村）　kai³¹ði⁵⁵ ðoŋ²¹ði⁵⁵

这个　ʔan²⁴nai³¹

那个　ʔan²⁴

哪个　ʔan²⁴laɯ³³

什么　ti²²laŋ²⁴

哪里　ʔi⁵⁵laɯ³³

（注：本地壮族发音中的主格和形容词性物主代词是一样的，所以没有录制形容词性物主代词的发音。如我——我的，你——你的，他——他的，我们——我们的，你们——你们的，他们——他们的）

（十）性质、状态

冷（冷水）　　　koŋ²²（nam⁵⁵koŋ²²）

热（热水）　　　ʔun²¹（nam⁵⁵ʔun²¹）

新（新衣）　　　maɯ²¹（θɹ²²maɯ²¹）

旧（旧房） kau²¹（ðən³³kau²¹）
老（老人） tɕe²¹（kon³³tɕe²¹）
多（很多钱） la:i²⁴（tɕen³³la:i²⁴）
少（盐放少了） noi⁵⁵（kə²⁴to⁵⁵noi⁵⁵）
滑（路滑） mek⁴²（lo⁴²mek⁴²）
干净（衣服干净） θaɯ²⁴（sɿ²²saɯ²⁴）
脏（衣服脏） da²²（θɿ²²da²²）

（十一）动作行为

是	tsaɯ²²
不是	bo²¹tsaɯ²²
有	mi³³
没有	bo²¹mi³³
要	ʔau²⁴
不要	bo²¹ʔau²⁴
坐	naŋ⁴²
站	ʔin²⁴
吃	tɕin²⁴
喝	dɯt⁵⁵
抽烟	tɕin²⁴hut⁵⁵
煮饭	hok⁵⁵khau²²
说	ha⁵⁵
听	pjak⁵⁵
看	ŋau⁵⁵
嗅	man²⁴
买	θɿ⁵⁵
卖	kha:i²⁴
生（生两个）	tɕɯŋ⁵⁵（tɕɯŋ⁵⁵θoŋ²⁴tu²⁴）
养（养四个老人）	tɕɯŋ⁵⁵（tɕɯŋ⁵⁵θi²¹kon³³tɕe²¹）

娶媳妇	ðap⁵⁵me⁴²lo³³
嫁女儿	kha:i²⁴luk⁴²ɲiŋ³³
生病	pen³³tshai²²
看病（没钱看病）	ʔau⁵⁵tshai²²（bo²¹mi³³tɕen³³ʔau⁵⁵tshai²²）
治病（治好了，治不好）	ja²⁴tshai²²（ja²⁴dai²⁴ja²²ja²⁴bu²¹dai²⁴）
吃药	tɕin²⁴ja²⁴
死（病死了，摔死了）	tha:i²⁴（pen³³tshai²²tha:i²⁴doi²¹tha:i²⁴）
埋（埋在山上）	mok⁵⁵（mok⁵⁵to²¹dɯ²⁴pa²¹）
种地，种田	hok⁵⁵lai⁴² hok⁵⁵na³³
栽树苗，栽菜苗，栽烟苗	dam²⁴ma:i⁵⁵ dam²⁴phjak⁵⁵ dam²⁴hut⁵⁵
插秧	dam²⁴na³³
挖洞，挖红薯	bət⁵⁵ðu³³bət⁵⁵man³³deŋ²⁴
砍柴，砍树	tham²²hun³³ tham²²ma:i⁵⁵
铲草	tshot²¹ŋa²²
割稻子，割草	hon²⁴khau²² hon²⁴ŋa²²
打稻子	fat⁵⁵khau²²
晒谷子	thak²¹khau²²

三、常用句型

在记录词汇阶段，作者同时记录了一些工作用语和日常生活用句，以为后期的语法研究做准备。这些句子以范俊军编著的《中国田野语言学概要》表十九为母版。（高等学校语言学教材）

（一）语言调查工作用语

1. 这是什么？ ʔi⁵⁵tsau²⁴khlaŋ²⁴

2. 这个壮话叫什么？ kha:u²¹noŋ³³hok⁵⁵lau³³loŋ⁵⁵

3. 我没听清/听懂。 ku⁵⁵pjak⁵⁵bo²¹θiŋ²²

4. 你再说一次。 mau³³ha⁵⁵pai³³lu⁵⁵them²⁴

5. 你慢慢地说。 mau³³koi⁴²θa:n²¹koi⁴²ha⁵⁵

6. 你说大声点。maɯ³³ha⁵⁵kam³³tɯ⁵⁵lu⁵⁵

7. 我说两个。ku⁵⁵ha⁵⁵θoŋ²⁴jeŋ²⁴

8. 哪个更像？tu²⁴laɯ³³ʔau³³lom²²

9. 我说得对不对？ku⁵⁵ha⁵⁵lom²²bo²¹lom²²

10. 前面是对的。kam³³du²¹ha⁵⁵ho³³ja²²

11. 你听一下录音。maɯ³³pjak⁵⁵lu⁴²jin³³bat²¹lu⁵⁵

12. 听不听得清？pjak⁵⁵θiŋ²²bu²¹θiŋ²²

13. 你听懂了没有？maɯ³³pjak⁵⁵θiŋ²²lɯ⁵⁵pai²¹

14. 我听不懂你的话。ku⁵⁵pjak⁵⁵bu²¹θiŋ²²khaːu²²maɯ³³hok⁵⁵laɯ³³ha⁵⁵

15. 你会不会说壮话？maɯ³³ðu⁵⁵bu²¹ðu⁵⁵ha⁵⁵khaːu²²noŋ³³

16. 我说壮话像不像？ku⁵⁵ha⁵⁵khaːu²¹noŋ³³lom²²bu²¹lom²²

17. 像啊，你学得很快嘛。lom²²ja²²maɯ³³ðu⁵⁵kuai²¹ma²²

18. 他说得不像。ti⁵⁵ha⁵⁵bu²¹lom²²

19. 说累了休息一下。ha⁵⁵kaːn⁵⁵ja²²ɕit²¹bat²¹lu⁵⁵

20. 我喝茶，你抽烟吧。ku⁵⁵dut⁵⁵tɕa³³maɯ³³tɕin²⁴hut⁵⁵

21. 吃点东西。tɕin²⁴ka²⁴laŋ²⁴ʔit²¹lu⁵⁵

22. 这是你的杯子。ʔi⁵⁵tsau²⁴tsoŋ²⁴maɯ³³

23. 我要上一下厕所，厕所在哪里？ku⁵⁵ɕɯ⁴²pai²⁴liu⁴²laɯ⁴²tshə⁴²θo⁵⁵ju²¹ʔi⁵⁵laɯ³³

24. 我家没有厕所，外面有。ðən³³ku⁵⁵bu²¹mi³³tshə⁴²so⁵⁵ peŋ²²nok⁴²tshə⁵⁵mi³³

25. 我们上午8：00开始。ðau³³tsaːŋ³³nau⁴²pet²¹tsɯ³³kaːi³³θɯ²²

26. 中午睡一下。mɯ⁴²leŋ³³ne³³bat²¹lu⁵⁵

27. 晚上7：00吃饭。tsaːŋ⁴²ham⁴²tɕet⁵⁵tsɯ³³tɕin²⁴pjau³³

28. 明天去哪里玩？hon³³pik⁴²pai²⁴laɯ³³jiu⁵⁵

29. 小孩子，不要在这里玩。luk⁴²ʔeŋ²⁴la⁵⁵juʔ²¹ʔi⁵⁵nai⁴²jiu⁵⁵

30. 先洗手再拿东西吃。sui²¹moŋ³³ja²¹kon²¹kam²⁴laŋ²⁴tɕin²⁴

31. 小孩到外面去玩。luk⁴²ʔeŋ²⁴pai²⁴beŋ²²nok⁴²jiu⁵⁵

32. 不要在这里吵闹。la⁵⁵juʔ²¹ʔi⁵⁵nai⁴²nan⁴²laːi²⁴

33. 太吵了。nan⁴²laːi⁴²ʔa²²

34. 把鸡赶到外面去。nan⁵⁵ti²²tsai²¹pai²⁴beŋ²²nok⁴²

35. 哪个听话就给哪个买好吃的。

kaɯ³³laɯ³³naŋ³³pjak⁵⁵khau²¹tsə²¹haɯ³³tɕin²⁴ka:i²¹dai²⁴

（二）日常劳作出行

1. 你在做什么？maɯ³³hok⁵⁵ka²²laŋ²⁴

2. 你给哪个人帮工？maɯ³³sai⁴²kaɯ³³laɯ³³hok⁵⁵kaŋ⁵⁵

3. 天天在家里。hon³³hon³³ju²¹ðən³³

4. 什么也不做。ka²²laŋ²⁴ka²²bu²¹hok⁵⁵

5. 我帮老三家砍树。ku⁵⁵θai⁴²la:u⁵⁵θa:m²⁴tham²²ma:i⁵⁵

6. 不要站在外面。la⁵⁵ʔin²⁴beŋ²²nok⁵⁵

7. 进屋里坐坐。ma³³ðən³³naŋ⁴²

8. 明天你干什么？ho:n³³pik⁴²maɯ³³hok⁵⁵ka²²laŋ²⁴

9. 天黑了，我要回家了。fa⁵⁵dam²⁴ja²¹ ku⁵⁵pai²⁴ðən³³ja²²

10. 你找我有什么事？maɯ³³tsha²⁴ku⁵⁵hok⁵⁵kaŋ²⁴

11. 明天我有事。hon³³pik⁴²ku⁵⁵mi³³lik⁴²

12. 你今天有没有空？maɯ³³hon³³ni²¹kɯ⁵⁵dai²²va:ŋ²¹

13. 我今天没事。ku⁵⁵hon³³nai⁴²bu²¹mi³³hok⁵⁵kaŋ²⁴

14. 今天休息一天。hon³³nai⁴²ku⁵⁵ju²¹da:i²²hon³³lu⁵⁵

15. 这里哪天赶集？hon³³laɯ³³tsaɯ²¹hon³³hɯ²²

16. 后天赶麻栗坡街。hon³³lɯ³³tsaɯ²⁴hɯ²²ma⁴²li⁴²pho³³

17. 我跟你一起去赶集。ku⁵⁵ta²²maɯ³³pai²⁴ʔok²¹hɯ²²

18. 你走路去还是坐车去？maɯ³³tai²¹tin⁴²pai²⁴la²²naŋ⁴²tɕhə³³pai²⁴

19. 我走路去。ku⁵⁵tai²¹tin²⁴pai²⁴

20. 我不坐车。ku⁵⁵bu²¹naŋ⁴²tɕhə³³

21. 你坐摩托车去。maɯ³³naŋ⁴²mo⁴²tho⁴²pai²⁴

22. 你去买什么？maɯ³³pai²⁴θɿ⁵⁵ti²²laŋ²⁴

23. 买米，买酒，买肉。θɿ⁵⁵khau²² θɿ⁵⁵lau²² θɿ⁵⁵nə⁵⁵

24. 他什么都不买，去街上玩。ti⁵⁵ti²²laŋ²⁴ko²²bu²¹θɿ⁵⁵ pai²⁴hɯ²²jiu⁵⁵

25. 你有没有钱？借我10块。maɯ³³mi³³bu²¹mi³³tɕen³³ tɕi²¹ku⁵⁵θip⁵⁵ʔan²⁴

26. 你要钱做什么？ mɯ³³ʔau²⁴n³³hok⁵⁵ka²²la 项²⁴

27. 我给三女儿买衣服。 ku⁵⁵haɯ²²luk⁴²ŋiŋ³³θa:m²⁴ku⁵⁵θŋ⁵⁵koŋ³³θə²²lu⁵⁵

28. 你什么时候去？ mɯ³³ka:u²⁴lɯ³³pai²⁴

29. 我小时候去过。 ka:u²⁴ne⁵⁵ku⁵⁵pai²⁴ko²¹

30. 这条路去哪里？ kha²⁴lo⁴²ʔi⁵⁵pai²⁴ʔi⁵⁵laɯ³³

31. 去麻栗坡走哪条路？ pai²⁴ma⁴²li⁴²pho³³tai²¹kha²⁴laɯ³³

32. 路边种的是什么？ heŋ³³lo⁴²dam²⁴ka²²laŋ²⁴

（三）日常饮食起居

1. 你吃了饭没有？ mɯ³³tɕin²⁴khau²²ja²¹pai²¹

2. 吃了。 tɕin²⁴ja²¹

3. 我还没有吃早饭。 ku⁵⁵naŋ³³bu²¹mi³³tɕin²⁴ŋa:i³³

4. 我肚子饿了，先吃饭吧。 ku⁵⁵toŋ⁵⁵jak²¹ja²²tɕin²⁴khau²²kon²¹

5. 我要回家做饭了。 ku⁵⁵pai²⁴ðən³³hok⁵⁵khau²²

6. 你喝不喝酒？ mɯ³³dɯt⁵⁵bu²¹dɯt⁵⁵lau²²

7. 饭做好了，吃饭了。 khau²²hok⁵⁵θuk⁵⁵ja²² tɕin²⁴khau²²ja²²

8. 我们一起吃饭。 ðau³³tɕeem²²tɕin²⁴khau²²

9. 晚上到你家喝酒，好不好？
ham⁴²nai⁴²pai²⁴ðən³³mɯ³³dɯt⁵⁵lau²²pan³³bu²¹pan³³

10. 我去买点好菜。 ku⁵⁵pai²⁴θŋ⁵⁵ʔi²⁴phjak⁵⁵dai²⁴lu⁵⁵

11. 我不会喝酒。 ku⁵⁵bu²¹lu⁵⁵dɯt⁵⁵lau²²

12. 这个菜叫什么？ ka:i²¹phjak⁵⁵ʔi⁵⁵hok⁵⁵laɯ³³loŋ⁵⁵

13. 这个菜好吃。 ka:i²¹phjak⁵⁵ʔi⁵⁵va:n²⁴

14. 生的吃不得，要煮熟。 ka:i²¹dip⁵⁵ʔi⁵⁵bu²¹pan³³tɕin²⁴tɕin²⁴ka:i²¹θuk⁵⁵

15. 现在也可以吃。 ka:u²⁴nai⁴²ko²²pan³³tɕin²⁴

16. 吃饱了没有？ tɕin²⁴ʔim²¹lɯ⁵⁵pai²¹

17. 我吃饱了。 ku⁵⁵tɕin²⁴ʔim²¹ja²²

18. 再喝一杯酒。 tau⁴²dɯt⁵⁵tsoŋ²⁴lu⁵⁵

19. 你抽不抽烟？ mɯ³³tɕin²⁴hut⁵⁵bu²¹tɕin²⁴

20. 我不抽烟。ku⁵⁵bu²¹tɕin²⁴hut⁵⁵

21. 喝杯茶吧。dɯt⁵⁵tɕa³³tsoŋ²⁴lu⁵⁵

22. 这是什么果子？ʔi⁵⁵tsaɯ²²mak²¹ka²²laŋ²⁴

23. 这果子怎么吃？ka:i²¹mak²¹ʔi⁵⁵hok⁵⁵laɯ³³tɕin²⁴

24. 皮能吃，不好吃。naŋ²⁴pan³³tɕin²⁴tɕin²⁴bu²¹va:n²⁴

25. 我给您老人家买了些吃的。ku⁵⁵θŋ⁵⁵ʔi⁵⁵ka:i²¹tɕin²⁴ma³³haɯ²²phu²²tɕe²¹tɕin²⁴

26. 你起床了。maɯ³³tɯn²¹ma³³la²²

27. 你在那里睡得好。maɯ³³ju²¹ʔi⁵⁵non³³dai²²dai²⁴

28. 昨晚没睡好。ham⁴²ŋa³³bu²¹mi³³non³³dai²⁴

29. 有很多蚊子。mi³³meŋ³³ɲuŋ³³la:i²⁴

30. 晚上早点睡觉。tsan²⁴ham⁴²non³³tsau⁵⁵lu⁵⁵

31. 明天我们起早一点。naɯ²⁴pik⁴²ðau³³tɯn²¹tsau⁵⁵lu⁵⁵

32. 我天天都起得早。ku⁵⁵hon³³hon³³tɯn²¹dai²²tsau⁵⁵

33. 他每天都睡得迟。ti⁵⁵ham⁴²laɯ⁴²ko²²non³³dai²²dak⁵⁵

34. 我身体不好。ku⁵⁵da:ŋ²⁴bu²¹tsa:ŋ²¹

35. 你在咳嗽，喝点水。maɯ³³pan³³ŋat⁴²dɯt⁵⁵ʔi²⁴nam⁵⁵lu⁵⁵

36. 我这里有药，你要不要？ʔi⁵⁵nai⁴²ku⁵⁵mi³³ja²⁴maɯ³³ʔau²⁴bu²¹ʔau²⁴

（四）人事交际

1. 你叫什么名字？tsɯ⁴²maɯ³³hok⁵⁵laɯ³³loŋ⁵⁵

2. 你妻子叫什么名字？ja⁴²ɲiŋ³³maɯ³³tsɯ⁴²hok⁵⁵laɯ³³loŋ⁵⁵

3. 这个人是谁？kon³³ʔi⁵⁵tsaɯ²⁴kə³³laɯ³³

4. 我不认识。ku⁵⁵bu²¹lu⁵⁵de²¹

5. 这个人是不是你们村子的？kon³³ʔi⁵⁵tsaɯ⁴²bu²¹tsaɯ²⁴loŋ²¹tshə²⁴

6. 他不是我们村子的。ti⁵⁵bu²¹tsaɯ²⁴ti²²kon³³loŋ²¹phə²⁴

7. 这是谁家的小孩？tu²⁴ʔi⁵⁵tsaɯ²⁴luk⁴²kə³³laɯ³³

8. 这是我家老七的儿子。tu²⁴ʔi⁵⁵tsaɯ²⁴luk⁴²tsa:i³³la:u⁵⁵tɕet⁵⁵ðn³³ku⁵⁵

9. 你找谁？maɯ³³tsha²⁴kə³³laɯ³³

10. 我找村主任。ku⁵⁵tsha²⁴tshan³³tsa:ŋ⁵⁵

11. 你在这里等一下，我去喊他。maɯ³³ju²¹ʔi⁵⁵tha²²bat²¹lu⁵⁵ku⁵⁵pai²⁴loŋ⁵⁵ti⁵⁵

12. 你带我去村主任家里。ku⁵⁵tsə³³maɯ³³pai²⁴ðən³³tshan³³tsa:ŋ⁵⁵

13. 村主任住哪个房屋？ðən³³tshan³³tsa:ŋ⁵⁵ju²¹ʔi⁵⁵laɯ³³

14. 住村子前面那栋房屋。ju²¹ʔan²⁴loŋ²¹ʔi⁵⁵tuŋ²¹na²²

15. 你是哪里人？maɯ³³tsaɯ⁴²ti²²kon³³ʔi⁵⁵laɯ³³

16. 我是李家村的。ku⁵⁵tsaɯ⁴²ti²²kon³³li⁴²tɕa³³tshan³³

17. 你家住哪个房子？maɯ³³ju²¹ʔan²⁴ðən³³laɯ³³

18. 后面那个房屋是我家。ðən³³fa:i⁴²laŋ²⁴tsaɯ²⁴ðən³³ku⁵⁵

19. 今年多少岁了？pi²⁴nai⁴²dai²²tɕi²¹pi²⁴

20. 63岁。tshok⁵⁵sip⁵⁵sa:m³³pi²⁴

21. 你俩哪个年纪大？suŋ²⁴kon³³tshə²⁴kaɯ³³laɯ³³pi⁴²

22. 我的手机被小孩弄坏了。ɕaɯ⁵⁵tɕi³³ku⁵⁵tsaɯ⁴²paɯ⁵⁵ʔeŋ²⁴ȵiu⁵⁵va:i⁴²ja²¹ja²²

23. 你的电话响了。tian²¹hua²¹maɯ³³tshoŋ²⁴ja²²

24. 谁打来的电话？tsaɯ²²klaɯ³³ta⁵⁵ma³³

25. 我家大女儿。luk⁴²ŋiŋ³³tɯ⁵⁵ku⁵⁵ta⁵⁵ma³³

26. 她在哪里？ti⁵⁵ju²¹ʔi⁵⁵laɯ³³

27. 她在广东打工。ti⁵⁵ju²¹kuaŋ⁵⁵toŋ³³ta⁵⁵koŋ³³

28. 今天我家有客人。hon³³nai⁴²ðən³³ku⁵⁵mi³³phu²²tshek²¹

29. 哪里的客人？phu²²tshek²¹ʔi⁵⁵laɯ³³

30. 我家老二。luk⁴²tsa:i³³ŋi⁴²ku⁴⁴

31. 带了个老婆回来。dai²²ja⁴²ŋiŋ³³lu⁵⁵ma³³

32. 我那儿子一年没有回家了。

luk⁴²tsa:i³³ku⁵⁵dai²²pi²⁴lu⁵⁵bu²¹mi³³ma³³ðən³³ja²²

33. 你家三女儿给不给你打电话

luk⁴²ŋiŋ³³sa:m²⁴maɯ³³ta⁵⁵bu²¹ta⁵⁵ten²¹hua²¹ma³³

34. 给老四打电话，问她明天来不来。

haɯ²²la:u⁵⁵si²¹tsha:m²⁴ti²²hon³³pik⁴²ma³³bu²¹ma³³

35. 你有一年没有来了。maɯ³³dai²²pi²⁴lu⁵⁵bu²¹mi³³ma³³ja²²

36. 我们好想你。ka:i²¹phə²⁴dai²⁴dip²¹tshə²²

95

37. 你长胖了。mau³³pi³³ja²²

38. 我眼睛不太好，看不清。luk⁴²tha²⁴ku⁵⁵bu²¹θiŋ²² ʔau⁵⁵bu²¹θi⁵⁵

39. 你头发白了。khon²¹thu²⁴mau³³khaːu²⁴ja²²

40. 我没有读过书，不识字。ku⁵⁵bu²¹mi³³tok⁴²ko²²θɿ²⁴ bu²¹lu⁵⁵na²²θɿ²⁴

41. 我们村有壮族，汉族。loŋ²¹ðau³³mi³³phu²²noŋ³³ phu²²hak²¹

四、小故事

在记录词汇和句子阶段，作者还请80岁的布侬老人沈才辉讲述了一个他小时候听过的壮语小故事，作为口头文化保留。

太阳和月亮的传说

很久很久以前，有两个人一起走路，一个是小姑娘，另一个是小伙子。他们走着走着就不想走了，于是各走各的。姑娘晚上不敢走，她就白天走，有人看她，她就用针扎那人的眼睛。小伙什么都不怕，所以他选择晚上走。

（小伙子＝月亮，小姑娘＝太阳）

kaːu²⁴bat²¹du²¹ mi³³θuŋ²⁴kon³³mi³³luk⁴²baːu²¹ mi³³luk⁴²saːu²⁴taŋ³³θuŋ²⁴kon³³ tai²¹lo⁴²ti⁵⁵bu²¹ŋaːi²¹tai²¹ ti⁵⁵ka²²kon³³hak²¹tai²¹ luk⁴²θaːu²⁴tsaːŋ²⁴ham⁴²bu²¹kaːn³³ tai²¹ ti⁵⁵tsə²¹tsaːŋ²⁴hon³³tai²¹mi³³kon³³ʔau⁵⁵ti⁵⁵ tsə²¹ʔau²⁴mak⁴²tɕhem²⁴tso⁴²luk⁴² thaː²⁴laːu⁵⁵ʔau⁵⁵ti⁵⁵luk⁴²baːu²¹tsə²¹tsaːŋ²⁴ham⁴²tai²¹ti⁵⁵ bu²¹bu²⁴kə⁶³laɯ³³

第六章 麻栗坡壮语研究

第一节 壮语研究概况

现代壮语的研究起于20世纪30年代李方桂先生对广西壮语和云南剥隘壮语的研究，相继出版了《武鸣土语》《龙州土语》和《剥隘土语》，晚年出版的《比较台语手册》被学界认为是划时代的巨著，极大地推动了壮语的研究，书中构拟了原始台语语音系统，把台语分为北支、中支和西南支。随后梁敏、张均如两位先生于20世纪50年代开始对侗台语进行调查研究，利用了20多种语言参加侗台语古音进行构拟，经过40多年的打磨出版了被认为是继《比较台语手册》之后的又一部划时代的巨著。在壮语方面的研究还有梁敏、张均如、欧阳觉亚等编著的《壮语方言研究》，书中整理了36个代表点的语音系统，从语音、词汇、语法等方面对各地区壮语地对应和特点进行了研究，其中涉及云南的有砚广土语的广南（小广南）音系、砚山（夸西乡）音系、文山（黑末）音系、广南（者孟乡）音系、丘北（戈寒乡）音系。广西区语委研究室编写的《壮语方言土语音系》中共收录了58个音系，对壮语的语音研究很有价值。文山地区最早的论文见于1987年张均如的《壮语文麻土语的音类演变》，系统地描写了黑末话的音系及音类演化。侬常生2013年的文章《云南省那安壮语的概况》、2012年硕士论文《那安壮语量词研究——兼与其它台语的比较》及2014年的文章《云南省壮语地名taau^4（道）源流考》丰富了文山地区壮语的研究。2013年王碧玉运用结构主义研究方法，写出了《西畴摩所壮语音系》，为学界增加了新的砚广土语的研究材料。韦名应2014年文章《文马壮语阴调类再分化的原因》以及2019年与李静合写的《文马土语浊塞音研究》利用实验语音的方法对文马壮语阴调类再分化和浊塞音的演化现象进行了深入的研究，为其他地区的壮语演化提供了可借鉴的理论实践。

文山壮语分为四种土语，分别是砚广土语、文麻土语、桂边土语和丘北土语，其中砚广土语和文麻土语属于壮语南部方言，桂边土语和丘北土语属于壮语北部方言。壮语南部方言和北部方言在语音上最大的差别是南部方言有一套塞音清送气声母，而北部方言没有。文山壮语砚广土语主要分布在：广南县（南部）[①]、砚山县、马关县、文山市、西畴县、麻栗坡县（北部）；文麻土语主要分布在：文山市（南部）、麻栗坡县（南部）、马关县（东部）；桂边土语主要分布在：富宁县和广南县北部；丘北土语主要分布在：丘北县。在麻栗坡存在着两种土语，一种是砚广土语，另一种是文麻土语，两种土语虽然同属于壮语南部方言，但是彼此之间相互通话难度很大，在语音上文麻土语保留了双数调的浊塞音 b、d、g，而砚广土语则演化为同部位的清塞音了；文麻土语所有的塞音韵尾已经演化，而砚广土语则仍然保留了塞音韵尾。这些音变现象也造成了文麻土语和砚广土语难以通话的原因之一。从目前收集到的羊皮寨、新岔河村和竜龙村[②]的语料和自称"phu³noŋ²"来看，其与砚广土语要稍微近一些，本节也会通过共时描写和历时比较的方法来确认羊皮寨和新岔河村壮语的土语归属问题，也探讨四种土语间的差异。

由于麻栗镇羊皮寨和八布乡新岔河村相距较远，从语言材料上来看又具有相似性，为了研究的便利，我们统称为"麻栗坡壮语"，也就是上文中谈到的"布侬村民"的语言。

[①] 莲城镇北部和坝美镇南部也有半部分的地区属于砚广土语。
[②] 竜龙村的语言材料由云南民族大学2016级壮语班本科生何万松提供。

第二节 语音系统

一、声母

(一) 声母表

p	t	tɕ	k	ʔ	kw	pj
ph	th	tɕh	kh		khw	phj
b	d					
m	n	ȵ	ŋ		ŋw	mj
f	θ	ɕ		h		
	ð					
v	l	j				

(二) 声母例词

ph	phan¹	雨	phi¹	鬼	phuk⁷	捆
b	ba⁵	肩膀	bo⁵	泉、井	bep⁹	扁
m	ma¹	狗	mu¹	猪	mok⁹	云
f	fa⁴	天空	fai²	火	fət¹⁰	溢
v	va:i²	水牛	vi¹	梳子	vat¹⁰	扇（风）
t	tok⁷	落	taŋ⁵	凳子	tap⁷	肝
th	tha¹	眼睛	than¹	到达	thak⁹	晒
d	dən¹	月份	doŋ¹	森林	dap⁷	熄灭

99

续表

p	pan²	成、做成	po⁶	父亲	pat⁷	鸭子
n	na²	田	nam⁴	水	nak⁷	重
θ	θa:i²	沙子	θɯ⁴	买	θak⁷	洗
ð	ðam²	糠	ðən²	房屋	ðuk⁷	房间
l	lam²	风	laŋ¹	背后	luk¹⁰	子女
tɕ	tɕim¹	金子	tɕin¹	吃	tɕep⁷	拾起
tɕh	tɕhən¹	砖	tɕhai³	生病	tɕhok⁷	六
ȵ	ȵa³	草	ȵiŋ²	女孩	ȵap⁹	硬
ɕ	ɕiŋ¹	姜	ɕa¹	寻找	ɕit⁹	休息
j	ja¹	药	ju⁵	住	jak⁹	饿
k	ku⁴	我	kon²	人	kap⁷	窄
kh	khau¹	牛角	kha¹	大腿	khat⁹	断裂
ŋ	ŋa²	芝麻	ŋan²	银子	ŋop¹⁰	发芽
ʔ	ʔan¹	个	ʔoi³	甘蔗	ʔok⁹	出来
h	ha³	五	hun³	柴	hat⁷	菌子
kw	kwa¹	过	kwa:ŋ³	宽	kwat⁹	打扫
khw	khwen¹	挂（东西）	khwa:ŋ¹	横	khwa⁵	裤子
ŋw	hon²ŋwa²	昨天	ŋwat¹⁰	刻痕		
pj	pja¹	鱼	pja⁴	刀	pjok⁷	沸腾
phj	phjak⁷	菜	phjau¹	烧	phja¹	石头
mj	mjap¹⁰	闪电	mjeu⁵	猫	mjak¹⁰	滑

（三）声母说明

1.麻栗坡壮语共有声母29个，其中唇化音有3个，腭化音有3个，无复辅音和内爆音。

2.有一套塞音声母不送气和送气的对立，并且有2组清浊的对立。

3. 有一套齿间擦音 θ 和 ð 的对立，无清擦音声母 s。

4. 有两套塞擦音声母 tɕ、tɕh 和 ts、tsh，前者主要和开口度较小的元音 i、e 等搭配，后者能与开口度较大的元音 a、o、u、ɯ 等搭配，但不构成音位的最小对立，所以只列其中一套。

5. 唇化音、腭化音声母：kw/khw、pj/phj 形成最小对立，但相应的例词较少；ŋw 声母的例词仅有两个，可能正处于演化脱落唇化 -w 中。

6. 塞音声母 k 遇元音 i，会腭化为塞擦音声母 tɕ。

二、韵母

（一）韵母表

a	e	i	o	u	ɯ	ə
ai	aːi			oi	ui		əi
au	aːu	eu	iu			
aɯ						
am	aːm	em	im	om	um	
an	aːn	en	in	on	un		ən
aŋ	aːŋ	eŋ	iŋ	oŋ	uŋ		əŋ
ap		ep	ip	op	up	
at		et	it	ot	ut		ət
ak		ek	ik	ok	uk	ɯk	ək

（二）韵母例词

a	ma¹	狗	kha¹	腿	tha¹	眼睛
ai	pai¹	走	dai¹	好	lai¹	流动
aːi	khaːi¹	卖	thaːi¹	死	maːi¹	记号
au	ʔau¹	拿	θau¹	柱子	khau¹	牛角

101

续表

aːu	θaːu¹	姑娘	khaːu¹	白色	kaːu¹	一会
aɯ	daɯ¹	里面	baɯ¹	片	θaɯ¹	清澈
am	lam²	风	nam⁴	水	ŋam¹	关
aːm	ŋaːm²	山坳	laːm⁵	遗失	laːm⁶	拴住
an	ʔan¹	个	phan¹	雨	pan¹	分配
aːn	kaːn⁴	累	θaːn¹	编织	baːn³	村寨
aŋ	daŋ¹	鼻子	naŋ¹	皮	laŋ¹	后面
aːŋ	daːŋ¹	身体	tɕaːŋ¹	中间	jaːŋ¹	胶
ap	kap⁷	窄	tap⁷	肝	dap⁷	熄灭
at	hat⁷	菌子	kat⁷	咬	mat⁸	一点
ak	ʔak⁷	胸口	tak⁷	断	fak⁷	孵化
e	me⁶	母亲	te⁵	接住	pe³	翻转
eu	heu²	游泳	leu²	裂开	peu²	胖
em	tem¹	满	lem¹	尖	them¹	继续
en	hen²	边沿	tɕen²	钱	jen¹	筋
eŋ	meŋ²	蚊虫	ðeŋ²	强壮	peŋ¹	壶
ep	tɕep⁷	采（茶）	jep⁷	眨	thep⁷	缝
et	tɕet⁷	七	tɕet⁸	擦	pet⁹	八
ek	lek⁷	铁	tek⁷	滴	kek⁷	敲
i	di¹	里面	phi¹	鬼	vi¹	梳
iu	diu¹	相同	ʔiu¹	够（东西）	ɕiu¹	绿色
im	tɕim¹	金子	ɕim¹	小心	ʔim⁵	饱
in	tɕin¹	吃	pin¹	攀爬	tin¹	脚
iŋ	liŋ²	猴子	ŋiŋ²	女性	phiŋ¹	平整
ip	θip⁷	十	ʔip⁷	抓	dip⁷	生
it	bit⁷	摘	tɕit⁷	点（火）	ɕit⁷	冷（水）

续表

ik	pik⁷	翅膀	tɕik⁷	瓦	lik⁷	布（面）
o	bo⁵	泉、井	to⁵	蜂类	lo⁵	倒
oi	ʔoi³	甘蔗	ðoi²	裂痕	poi¹	返还
om	ʔom³	拥抱	thom³	淹没	pom¹	钝
on	hon²	日子	kon²	人	non²	睡觉
oŋ	noŋ⁴	弟、妹	toŋ⁴	肚子	ðoŋ⁴	叫唤
op	kop⁹	捧	pop⁹	起泡	pop⁷	趴下
ot	hot⁷	缩	ʔot⁷	塞	tot⁹	啄
ok	hok⁷	做	tok⁷	落	tɕhok⁷	六
u	mu¹	猪	khu¹	笑	tu¹	只
ui	θui⁵	洗	khui⁵	翘（腿）	hui⁵	（果）仁
um	ʔum³	抱着	lum³	像	ʔum¹	含着
un	hun³	柴火	ʔun⁵	温暖	khun¹	喂（动物）
uŋ	ðuŋ²	（稻）穗	muŋ²	手	kuŋ²	件
up	tup⁸	打	kup⁷	扑	hup¹⁰	拃
ut	khut⁷	挖	kut⁷	蕨菜	hut⁷	烟草
uk	luk¹⁰	子女	phuk⁷	绑	duk⁷	骨头
ɯ	hɯ¹	街	kɯ¹	盐	thɯ¹	携带
ɯk	tɕɯk¹⁰	绳子	tuk⁷	打（鱼）	θɯk⁷	打嗝
ə	kə⁶	间	ɕə⁵	锯	mə⁶	想得美
əi	məi¹	雪	məi⁶	酸痛	vəi²	窥视
ən	dən¹	月份	ðən²	房屋	lən⁴	山歌
əŋ	thəŋ¹	糖	məŋ¹	沟渠	məŋ²	地方
ət	bət⁷	挖	pət⁸	刮	nət¹⁰	压
ək	kək⁸	稠密	lək¹⁰	筛选	ʔək⁷	打嗝

（三）韵母说明

1. 麻栗坡壮语共计55个韵母，无三合元音韵母，单元音有7个，单念时都读长音，塞音韵母18个。

2. 长短元音以 a 韵最为整齐，但仅存于舒声韵中，短 a 的实际音值为 ɐ。

3. 塞音韵中元音的长短已经不区别词义，所以都记为短音，靠声调来区别词义。

4. ɯ 韵和 ə 韵的韵母数量和例词较少，处于不稳定的情况中，ɯ 韵在向 ə 韵演化的过程。

三、声调

（一）声调表

调类	1	2	3	4	5	6	7	9	8	10
调值	24	33	22	55	21	42	55	21	33	42
PT[①]	A1	A2	C1	C2	B1	B2	D1S	D1L	D2S	D2L

（二）声调例词

第1调	na¹	厚	ja¹	药	θa¹	右	khau¹	牛角
第2调	na²	田	ŋa²	芝麻	θa:i²	沙子	lam²	风
第3调	na³	脸	ma³	长大	θai³	肠子	khau³	米饭
第4调	nam⁴	水	fa⁴	天空	θa:i⁴	左边	lam⁴	倒
第5调	bo⁵	泉	ba⁵	肩膀	θai⁵	官员	khau⁵	膝盖
第6调	na:m⁶	泥土	ta⁶	河	θai⁶	事件	lam⁶	阴凉
第7调	nak⁷	重	tap⁷	肝	tok⁷	落	mat⁷	跳蚤
第8调	fak⁸	孵化	tup⁸	打	lak⁸	偷	mat⁸	未

---

① 这里的 PT 指的是 Porto-Tai Language，译为原始台语，此处原始台语的声调来自李方桂先生对于原始台语声调的构拟。

续表

第9调	mak⁹	果子	pak⁹	嘴巴	tok⁹	钉	pot⁹	肺
第10调	luk¹⁰	子女	hup¹⁰	接合	lak¹⁰	拉扯	lət¹⁰	血

（三）声调说明

1. 有10个声调，1~6调为舒声调，7~10调为促声调，7、8、9、10调的调值分别与4、2、5、6调的调值相同。

2. 有3个平调，分别是33、22、55，第3调发音时有轻微的喉塞特征。

3. 第8调中调值相对不稳定，在8调例词中出现33和55并存的局面，由33并入55的倾向，即8调合并到7调中，在砚广土语广南部分地区壮语中，已经完成8调并7调的过程。

第三节　声类对应

麻栗坡壮语处于砚广土语和文麻土语的交界，从语音系统上来看，与砚广土语较为接近，但有自身的特点。本节的音类对应主要观察麻栗坡壮语与四个土语间的对应关系，包括声母、韵母和声调三个方面，在音系描写的基础之上更深入地了解麻栗坡壮语的语音特点。通过音类的对应，了解原始台语在麻栗坡壮语和四个土语间的演化轨迹，并找出其中的差异，为麻栗坡壮语土语归属提供依据。

原始台语的构拟方面是比较有基础的，李方桂、梁敏、张均如、［泰］Pittayawat Pittayaporn 等学者的构拟为侗台语的重建提供了平台。行文依序韦名应《桂东壮语语音研究》第三章"音类对应"，部分词项有所改动，拟音也主要参考李方桂，以其拟音为主，以梁敏、张均如两位的拟音为辅。

一、塞音声母

（一）塞音声母 p、t、k、ʔ

1. p~p、t~t、k~k（单、双数调）、ʔ~ʔ（单数调）

词义\地区	砚广	文麻	桂边	丘北	麻栗坡
去	pai¹	pei¹	pai¹	pai¹	pai¹
年	pi¹	—	pi¹	pei¹	pi¹
山	po¹	ʔduaŋ¹	po¹	pa¹	po¹
外公	ta⁶		ta¹		
他	ti⁴	mən²	ti¹	te¹	ti⁴
门	tu¹	tu¹	tu¹	tou¹	tu¹
肝	tap⁷	tai⁴	tap⁷	tap⁷	tap⁷
我	ku⁴	kau¹	ku¹	kau¹	ku⁴
鸡	tsai⁵	kai⁵	kai⁵	kai⁵	tɕai⁵
旧	kau⁵	kau⁵	kau⁵	kau⁵	kau⁵
咳嗽	ʔai¹	ʔai¹	ʔai¹	ʔa:i¹	ʔai¹
甘蔗	ʔoi³	wai³	ʔui³	ʔuai³	ʔoi³
出	ʔok⁹	ɣuɑ⁵	ʔoʔ⁷	ðuə²⁸	ʔok⁹
贵	peŋ²	—	pe:ŋ²	piaŋ²	peŋ²
肥胖	pi²	bi²	pi²	pei²	pi²
柚子	-puk⁷		-puk⁸	-pok⁸	-puk⁸
肚子	toŋ⁴	duõŋ⁴	tuŋ³ᐟ⁴	tɔŋ³ᐟ⁴	toŋ⁴
公（牛）	thak⁷	—	tak⁸	tak⁸	thak⁷
上面	—	—	kɯn²	kən²	—
捕捉	kap⁷	tsoŋ³	kap⁸	kap⁸	kap⁸

106

从上表塞音声母的词中看，李方桂和梁敏、张均如在单数调上都构拟为 *p、*t、*k、*ʔ，在双数调上构拟为 *b、*d、*g。麻栗坡壮语与砚广土语的对应更为接近，从语音形式上来讲，也与桂边土语和丘北土语接近。文麻土语与其他三个土语的对应稍显杂乱，在"山"和"肚子"两个例词中保留了双数调浊塞音 d。四个土语在调类的对应上也不太统一，主要是砚广土语第 8 调已经合并到第 7 调中；桂边土语和丘北土语第 3 调和第 4 调也有合并现象；文麻土语因塞音韵尾已经消失的原因，原来的塞声调已经分化合并到相应的舒声调中。部分例词中出现送气塞音声母，但桂边和丘北仍未出现送气现象，梁敏、张均如（1996）认为原始侗台语中是没有送气清塞音声母的，送气清塞音声母是在各语支甚至是各方言分离之后才发展过来的。从壮语上看，南部方言和北部方言存在有无送气清塞音声母的典型区别，切合这一现象。但目前北部方言部分地区也逐渐地出现了送气清塞音声母的情况，韦名应（2017）通过对北部方言个案的考察和研究，认为送气音产生和演化的制约因素主要是声门松紧，这一解释把困扰侗台语研究的难题打开了一个新的角度，揭示了壮语南北方言有无送气清塞音声母的区别特征正在弱化。

在"他""我"两个词中，桂边土语和丘北土语都是 1 调，但麻栗坡壮语和砚广土语为 4 调，原始台语为 A1 调，泰语为 [kuː²] 由于 A1 调分化部分词合并到 A2 中，德宏傣语为 [kau⁶] 由于 A1 调分化为 C2 调，这一声调演化现象有待于进一步研究。

2. p~b、t~d、k~g（双数调）

地区 词义	砚广	文麻	桂边	丘北	麻栗坡
肥胖	pi²	bi²	pi²	pei²	pi²
兄姊	pi⁶	bi⁴	pi³/⁴	pi³/⁴	pi⁶
肚子	toŋ⁴	duõŋ⁴	tuŋ³/⁴	toŋ³/⁴	toŋ⁴
河	ta⁶	do⁶	ta⁶	ta⁶	ta⁶
一双	ku⁶	gu⁶	ku⁶	kou⁶	ku⁶
弯曲	ko²	gu²	ko²	kau²	ko²

浊音清化是语言发展的趋势，古浊塞音清化是侗台语族各语言语音演化的一个普遍现象，麻栗坡壮语也与砚广、桂边和丘北土语一样，在原始台语中声母 *b、*d、*g 均已清化，但文麻土语中浊塞音尚未清化，仍念为浊音，北部方言红水河土语东庙话也存在与文麻土语同样的现象。

3. p～ph、t～th、k～kh（双数调）

地区 词义	砚广	文麻	桂边	丘北	麻栗坡	泰语
父亲	po⁶	bu⁶	po⁶	puə⁶	po⁶	phɔ:³①
兄姊	pi⁶	bi⁴	pi³ᐟ⁴	pi³ᐟ⁴	pi⁶	phi³
肚子	tɔŋ⁴	duõŋ⁴	tuŋ³ᐟ⁴	toŋ³ᐟ⁴	toŋ⁴	thɔ:ŋ⁴
河	ta⁶	do⁶	ta⁶	ta⁶	ta⁶	tha³②
稠	kɯk⁷ᐟ⁸	—	kɯk⁸ᐟ¹⁰	kək⁸ᐟ¹⁰	kək⁸	khɯk⁸
人	kon²	gun²	hun²	vən²	kon²	khon²
扁担	ka:n²	gu²	ha:n²	ɣen²	ka:n²	kha:n²

原始台语浊塞音声母 *b、*d、*g 在文山地区的四个土语中未演化为相应的送气清塞音声母，但是在壮语南部方言的左江土语大新话中和泰语中变成了相应的送气清塞音声母 ph、th、kh，念为双数调。

4. k～tɕ（单、双数调）

地区 词义	砚广	文麻	桂边	丘北	麻栗坡	龙州
老	tɕe⁵	—	tɕe⁵	ɕia⁵	tɕe⁵	ke⁵
吝啬	tɕen³③	sən³	tɕet⁸	—	tɕen¹	ke:t⁸

---

① 泰语的古6调已经合并到第3调中。

② 这个词在泰语中为"渡口"的意思。

③ 张均如、梁敏、欧阳觉亚（1999）把这个词记为"tɕet⁹"，在调查之后发现这个词塞音韵尾已经演化为同部位"n"，声调上从9调变为3调。

续表

地区 词义	砚广	文麻	桂边	丘北	麻栗坡	龙州
捡、拾	tɕep⁷	ku³	tɕip⁷	ɕəp⁷	tɕep	kip⁷
几（个）	tɕi⁵	gi⁶	tɕi³/⁴	ɕi³/⁴	tɕi⁵	ki⁵
三脚架	tɕeŋ²	—	tɕi:ŋ²	ɕiŋ²	tɕiŋ²	—

从上表中看，麻栗坡与砚广、桂边两个土语一样，在元音 i、e 前声母 k 都演化为 tɕ，我们所调研的丘北土语温浏话中则进一步演化为 ɕ<tɕ<*k，张均如、梁敏、欧阳觉亚（1999）中记为"tɕ"。文麻土语的演化比较复杂，这里就不再讨论。

5. p～ph、t～th、k～kh（南北方言单、双数调交替）

地区 词义	砚广	文麻	桂边	丘北	麻栗坡
磨（刀）	phan¹	pən¹	pan²	pan²	phan¹
公（鸡）	po⁶	ʔo³	po⁶	pou³/⁴	po⁶
编（辫子）	—	bu⁴	pɯə²	pɯ²	—
淹	thum³	lən³	tum³/⁴	təm³/⁴	—
豆子	thu⁵	thu⁵	tuə⁶	tu⁶	thu⁵
女婿	khoi¹	khui²	kɯ:i²	ki²	khui¹
茄子	-kə²	-khu²	-kuɛ¹	-kɯ²	-kɯ²

从上表中看，麻栗坡壮语同砚广土语和文麻土语一样，在桂边和丘北土语等双数调 p、t、k 部分例词中，读作单数调送气清塞音声母 ph、th、kh。张均如、梁敏、欧阳觉亚（1999）认为这些词来源于带浊送气的古浊塞音声母 *bɦ、*dɦ、*gɦ，仅有文麻土语 bu⁴ "编（辫子）"一词仍保留了浊塞音，但送气成分已经消失。巫凌云结合傣泰语实际同巴利文比较，得出傣泰语在历史上应该有 *bh、*dh、*gh，杨光远（2007）认为这三个古浊送气塞音声母的构

109

拟时候从语言的系统性出发，有利于解决傣泰语言的实际问题，但从整个台语的实际问题来讲，还是李方桂构拟的 *pɦ、*tɦ、*kɦ 更符合，韦名应、李静（2019）把文马土语的双数调浊塞音构拟为 *pɦ、*tɦ、*kɦ，来解决文马土语中双数调的浊塞音问题，综上所述构拟为 *pɦ、*tɦ、*kɦ 也比较符合文山壮语的实际情况。

6. p～ph、t～th、k～kh（单数调）

词义＼地区	砚广	文麻	桂边	丘北	麻栗坡
额头	phjak⁹	phie⁵	pjak⁷	pa⁵	phak⁹
头发	phjam¹	—	pi:m¹	pən¹	phjom¹
蔬菜	phjak⁷	phie²	pjak⁷	pak¹	phjak⁷
芋头	phik⁹	—	pɯʔ⁷	—	phik⁷
臂	tɕhen¹	mu²	tɕen¹	ɕan¹	ɕen¹
杀	kha³	kho³	ka³ᐟ⁴	ka³ᐟ⁴	kha³
腿	kha¹	kho²	ka¹	ka¹	kha¹
藤蔓	thau¹	thən¹	kau¹	ka:u¹	khau¹
卖	kha:i¹	khɑ²	ka:i¹	ke¹	kha:i¹

从上表中看，麻栗坡壮语同砚广土语和文麻土语一样，在桂边和丘北土语等 p、t、k 部分例词中，读为 ph、th、kh，且应该都为单数调，但是在"腿"和"卖"两个例词中读为双数调，出现了单双数调交替现象。张均如、梁敏、欧阳觉亚（1999）认为这些词来源于古声母 *xp、*xt、*xk 或是 *xkw、*xkl，x 作为前置辅音在消失前影响一些台语语言或方言，使之变为送气，文麻土语再演化为送气之后，又产生了送气变调的现象，原来单数调的词送气之后演化为双数调的词，这也就能解释文麻土语在这组例词中为何会产生单双数调交替的现象了。

在"藤蔓"一词中，麻栗坡壮语的形式与北部方言桂边和丘北相似，而砚广和文麻都表现为 th，南部方言的其他土语也表现为 kh，砚广和文麻的形式值得再进一步地探讨。麻栗坡壮语"臂"一词 ɕen¹<tsh/ts<kh/k<*xk①，形式上与丘北土语接近，在演化链上向前变化了，在泰语中也存在此类现象，现代泰语口语中 tsh-s 的自由变读很普遍，也可为这一形式的演化提供参考。

（二）带喉塞成分的浊塞音声母 ʔb、ʔd

多数壮语中，声母 ʔb、ʔd 的例词出现在单数调中，韦名应（2018）认为这两个声母属于内爆音 ɓ、ɗ，此处仍沿用梁敏、张均如（1999）的看法，受喉塞音 ʔ 的影响，变为清声类的性质。

1. b～m～w～p（单数调）、d～n～r～l（单数调）

地区 词义	砚广	文麻	桂边	丘北	麻栗坡	隆安	龙胜	连山
叶子	bau¹	ʔbou¹	bau¹	ʔba¹	bau¹	mai¹	wau¹	pau¹
泉	bo⁵	ʔu⁵	bo⁵	ʔbuə⁵	bo⁵	mɔ⁵´	wo⁵	po⁵
轻	nau³	nou³	bau¹	ʔba:u¹	nau³	mau¹	wau¹	pau¹
村子	ba:n³	ʔbaŋ³	ba:n³	ʔben³	ba:n³	ma:n³	wa:n³	—
薄	ba:ŋ	ʔbiɛn¹	bɛ:ŋ	ʔbɯ:ŋ¹	ba:ŋ	ma:ŋ	wa:ŋ	pa:ŋ
好	dai¹	ʔdei¹	di¹	ʔdei¹	dai¹	nui¹	rei¹	li¹
身体	da:ŋ	niu⁴	da:ŋ	ʔdɯ:ŋ¹	da:ŋ	na:ŋ	ra:ŋ	la:ŋ
树林	doŋ¹	—	doŋ	ʔdoŋ	doŋ	noŋ	roŋ	
熄灯	dap⁷	lai⁶	dap⁷	ʔdap⁷	dap⁷	nap⁸	rap⁷	lap⁷
骨头	duk⁷	ʔduə⁵	doʔ⁷	ʔduə⁵	duk⁷	nɔ:k⁹´	ro:k⁷	lo:k⁹

从上表中看，声母 ʔb、ʔd 的例词出现在单数调的情况中，文山壮语的演化大体上都相似，仍然为 ʔb、ʔd，文麻土语中塞音韵尾全部脱落，丘北土语部分塞音韵尾脱落，但仍保留了单数调。声母 ʔb、ʔd 在隆安壮语中变为 m、n，龙胜壮语中变为 w、r，连山壮语中变为 p、l。但是在"轻"一词中砚广

---

① Pittayawat Pittayaporn（2009：105）中把这个词构拟为 *qɛ:nA，认为这个应该构拟为小舌音声母 *q，从语言的演化中看，小舌音要比舌根音更为古老，大致上的演化为：小舌＞舌根＞舌中＞舌尖，推进了原始台语的构拟。

土语和文麻土语表现得与其他土语不一致，从语音形式上来看差别不大，但从 b 演化到 n，目前侗台语中尚未发现，梁敏、张均如（1996）把"轻"构拟为 *sk，但主要是涉及侗水语支和黎语支，李方桂（1977）构拟为 *ʔb，但未解释砚广和文麻的特殊现象，可能另有来源。

2. b（bj）~ d（dj）~ ml ~ m ~ n

地区 词义	砚广	文麻	桂边	丘北	麻栗坡	邕南	天等	连山
胆	di¹	ʔdi¹	di¹	ʔdei¹	di¹	mlei¹	nəi²	pui¹
脐带	di³	tshʅ³	dɯə¹	ʔdu¹	di³	mli¹ ˊ	nɯ²	—
耕田	dɑ:i¹	ʔdɑ¹	dɑ:i¹	ʂɑ:i¹	dɑ:i¹	mlɑ:i¹	mjɑ:i²	lɑ:i¹
月	dɔn¹	ʔdun¹	dɯ:n¹	ʔdun¹	dən¹	mli:n¹	mɯ:n²	lœ:n¹
花	dok⁹	ʔduɑ⁵	doʔ⁹	ʔduə⁵	dok⁹	—	—	—

这些词来源于古复辅音声母 *bl，从上表中看，砚广、文麻、桂边、丘北等四个土语 *ʔbl 与原始台语 *ʔd 合流了，在有些方言中演化为 bj、ml、n、l 等。砚广、文麻在"脐带"一词中与其他方言在调类上不一致，与前面讲到的"轻"有相似的地方，可以推测砚广土语、文麻土语的"轻"nɑɯ³<*b<*ʔbl，经历了这样的演化。

3. d ~ ʔn（或 n）（单数调）

地区 词义	砚广	文麻	桂边	丘北	麻栗坡	柳江	贵港	连山
鼻子	daŋ¹	ʔdiɛn¹	daŋ¹	ʔdaŋ¹	daŋ¹	naŋ¹	ʔnaŋ¹	laŋ¹
黑①	dam¹	ʔdaŋ¹	—	—	dam¹	nam¹	ʔnam¹	lam¹

从上表中看，麻栗坡壮语和砚广、文麻、桂边、丘北等土语一样，保留了浊音 d，在柳江等一些地方变为 n，在贵港变为 ʔn，梁敏、张均如（1996）认为来源于原始侗台语的 *ʔnd，在连山壮语中为 l，演化路径：*d>n>l。

---

① 这个词桂边土语和文麻土语为 mai³，与其他方言土语不同源。

112

（三）由塞音构成的复辅音声母

1. pl～pr～pɣ～pj～p（单、双数调）

kl～kr～kɣ～kj～tɕ～k（单、双数调）

其中单数调来源于古声母 *pl、*kl，双数调来源于古声母 *bl、*gl。

地区 词义	砚广	文麻	桂边	丘北	麻栗坡	武鸣	贵港	来宾
鱼	pja¹	po¹	pja¹	pa¹	pja¹	pla¹	pra¹	pɣa¹
单衣	piu¹	—	puɯ⁶	pu⁶	—	ple:u¹	pru¹	piu¹
一半	pɔŋ⁶①	ʔduaŋ¹	pi:ŋ⁶	puaŋ⁶	pjoŋ⁶	plo:ŋ⁶	plo:ŋ⁶	pɣo:ŋ⁶
爬树	pin¹	—	pin¹	pən¹	pin¹	ple:n²	prin²	pin²
远	kai¹	kui¹	tsai¹	ka:i¹	kwai¹	kjai¹	krai¹	kɣai¹
中间	tsa:ŋ¹	kiɛn¹	tsa:ŋ¹	kəŋ¹	tsa:ŋ¹	kja:ŋ¹	kra:ŋ¹	kɣa:ŋ¹
鼓	tsoŋ¹	—	tsuŋ¹	kua:ŋ¹	tsoŋ¹	kjo:ŋ¹	kro:ŋ¹	kɣo:ŋ¹
冷	koŋ³	jiŋ¹	ɕe:ŋ³	—	koŋ³	—	kre:ŋ⁴	kɣe:ŋ⁴

从上表中看，麻栗坡壮语与砚广土语的例子更接近，在复辅音的演化中文山地区的壮语要比其他地区的壮语演化更靠前。武鸣、来宾、贵港仍保留复辅音或部分腭化，文山地区的壮语腭化或单辅音化，部分例词变为塞擦音或擦音，在这类词的演化中，考虑增加 ɕ 的位置。

2. kw～k（单、双数调）

大多数壮语地区都有唇化舌根音声母 kw，仅个别地方唇化成分消失而与 k 合流，文山壮语地区仅砚广土语和桂边土语保留了唇化舌根音声母 kw，文麻土语和丘北土语与声母 k 合流，但砚广土语砚山（侬）话中也与声母 k 合流。

地区 词义	砚广	文麻	桂边	丘北	麻栗坡
割（稻）	hon¹	xun¹	hau³	kuan²	hon¹

---

① 文麻土语中这个词为"顺"的意思，手顺的方向为"右"。

113

续表

地区\词义	砚广	文麻	桂边	丘北	麻栗坡
过	kwa⁵	ka¹	kwa⁵	kua⁵	kwa⁵
瓜	kwa¹	kuɑ³	kwa⁵	kwe¹	kwa¹
宽	kwa:ŋ³	kuðŋ³	kwa:ŋ⁵	lɯ:ŋ⁶	kwa:ŋ³
锄	tshot⁹	ka³			ɕot⁹
右边	sa¹	ʔdei¹②	kwa²	kua²	θa¹
跪	ki⁶	gi⁶	kwi⁶	kui⁶	kwi⁶

3. pl（pr、pɣ、pj）~ tɕ ~ phl（phj）~ ph（单数调）

地区\词义	砚广	文麻	桂边	丘北	麻栗坡	武鸣	邕南	来宾
石山	phja¹	po¹	pja¹	pa¹	pja¹	pla¹	phla¹	pɣa¹
走	pha:i³	—	pɯa⁶	pu⁶	—	pla:i³	phla:i⁵	pɣa:i³
蔬菜	phjak⁷	phie²	pjak⁷	pak⁷	phjak⁷	plak⁷	phlak⁷	pɣak⁷
额头	phjak⁹	phie⁵	pjaʔ⁷	pa⁵	phjak⁹	pla:k⁹	phla:k¹⁰	pɣa:k⁹

李方桂（1977）把这组词构拟为 *phl-/r-，现在台语中此类词极少保存，很难断定这个辅音中的流音性质。梁敏、张均如（1996）构拟为 *xpl，确定了后接的流音是 -l-，Pittayawat Pittayaporn（2009）构拟为 *pr，后接流音是 -r-，从上表中壮语各地区方言中看，构拟为 *xpl 或 *phl 更适合壮语的发展。

4. kl ~ k ~ r（ɣ、hl）~ khj ~ tɕh（tɕ）（单数调）

---

① 桂边土语和丘北土语中的这个词不确定是否是同源词，砚广土语表现为 nep⁹。

地区\词义	砚广	文麻	桂边	丘北	麻栗坡	武鸣	邕南	龙州
蛋	tshai⁵	khai⁵	tsai⁵	kai⁵	tshai⁵	ɣai⁵	hlai⁶	kjai⁵
近	tsau³	kou³	tsau³	ka³	tsau³	—	—	khjau¹
硬①	—	—	doŋ³	ʔduaŋ³	—	kje:ŋ¹	hle:ŋ¹	khe:ŋ¹
蜘蛛	tsha:u¹	tshɑ⁵	tsa:u¹	ko¹	ɕa:u¹	kja:u¹	khla:u¹	khja:u¹

具有这种对应的词来自古复辅音声母 *xkr、*xkl（w）。麻栗坡壮语中"蜘蛛" ɕa:u¹<ts/tsh，演化更进一步。

5. pj～ɣ～t～th（单数调）

地区\词义	砚广	文麻	桂边	丘北	麻栗坡	武鸣	邕南	龙州
黄瓜	theŋ¹	thiaŋ²	ti:ŋ¹	tin¹	theŋ¹	—	the:ŋ¹	phe:ŋ¹
裂开	thek⁹	thia⁵	teʔ⁷	tə⁵	thek⁹	ɣe:k⁹	the:k¹⁰	phe:k⁹
晒	thak⁹	thie⁵	taʔ⁷	ta⁵	thak⁹	ɣa:k⁹	tha:k¹⁰	phja:k⁷
箅条	thok⁹	—	tuk⁷	—	thok⁹	ɣuk⁹	thuk⁷	phjo:k⁷

具有这种对应的词来源于古复辅音声母 *pr，各地发展都不太统一，麻栗坡壮语和砚广土语、文麻土语一样演化为 th，桂边土语和丘北土语演化为 t，武鸣演化为 ɣ，龙州演化为 ph 和 phj。梁敏、张均如（1996）认为 *pr 演化到 t 或 th 之前，还经历了 *tl，演化路径：*pr>*tl>t（th）。

6. pj～p～kj（kɣ）～ts（s）～ɕ（双数调）

地区\词义	砚广	文麻	桂边	丘北	麻栗坡	武鸣	邕南	来宾
明天	pik¹⁰	ʔbuɑ⁶	ɕoʔ⁸	ʂuə⁵	pik¹⁰	ɕo:k⁸	tso:k¹⁰	tso:k⁸
晚饭	pjau²	ʔbau²	ɕau²	ʂau²	peu²	ɕau²	tsau²	kɣau²
孤儿	pja⁴	—	tsa⁴	ʂa⁴	pja⁴	kja⁴	tsa	kɣa⁴

115

具有这个对应的词来源于古复辅音声母 *br 等，各地区发展不统一，麻栗坡壮语和砚广土语一致演化为 pj，并开始脱落流音成分 -j-；文麻土语脱落了流音 -r-，演化为 b；桂边土语和丘北土语则分别演化为 ɕ 和 ʂ。梁敏、张均如（1999）认为流音 -r- 促使前面的塞音发音部位后移变为 gj，进而清化为 kj 或 khj，再演化为 ʦ、ɕ 或 s。

可能来自一些 -r-、-rw-、-w- 等复辅音声母，每种对应仅发现一两个词。

7. th～h（单数调）

地区 词义	砚广	文麻	桂边	丘北	麻栗坡
哭	hai³	xai³	tai³	tai³	hai³

8. t（d）～r（双数调）

地区 词义	砚广	文麻	桂边	丘北	麻栗坡
虹	lɔŋ²	xai³	ðuŋ²	ðoŋ²	loŋ²

9. kɣ～kw～ɕ～ʦ～th（单数调）

地区 词义	砚广	文麻	桂边	丘北	麻栗坡
犁	thai¹	thu²	ʂai¹	ʂai¹	thai¹

10. pj～t（d）～s（双数调）

地区 词义	砚广	文麻	桂边	丘北	麻栗坡
草木灰	tau⁶	ʔdau²	tau⁶	ta:u⁶	tau⁶

11. p～f～ph～kh～h（单数调）

地区 词义	砚广	文麻	桂边	丘北	麻栗坡
毛	phjam¹①	khun²	piːm¹	pən¹	khon¹

12. p～w（双数调）

地区 词义	砚广	文麻	桂边	丘北	麻栗坡
扇子	wi²	vi²	pi²	pei²	vi²

13. kl～r（及其方音变体）

地区 词义	砚广	文麻	桂边	丘北	麻栗坡
谷壳	lip¹⁰	lə⁵	—	—	lip¹⁰

从塞音对应和演化的情况来看，麻栗坡壮语与砚广土语更为接近，可以划到砚广土语中来，而与文麻土语在一些音的演化上还是有较大的差异。

二、塞擦音声母

文山壮语和其他地区壮语一样，塞擦音声母都很少，砚广土语和文麻土语中有 ts、tsh、dz（仅出现于文麻土语），桂边土语和丘北土语中只有一个 ts，分别在单、双数调中出现，能够出现在民族固有词和汉语借词中。张均如（1983）认为侗台语族的塞擦音是后起的，而且是在各语支分开之后才产生的。

---

① 砚广土语中这个词用于表示女性的头发。

（一）塞擦音声母的主要对应

地区 词义	砚广	文麻	桂边	丘北	麻栗坡
罩（鸡）	—	—	tsom³	kəm⁶	
瘦（肉）	nen⁵	naŋ⁵	di¹	ʂa²	nan⁵
吻	tsup⁷	tsə⁵	ɕup⁷	ʔdat⁷	tsup⁷
烧（火）	tɕit⁷	—	—	—	tɕit⁷
淡（味）	sa:ŋ⁶	—	ɕit⁷	ʂət⁷	
修理	tsoi⁶	—	ɕui⁶	—	tsoi⁶
玩耍	—	—	ɕam²	ʂam²	—
桌子	tsoŋ²	tso⁵①	ɕo:ŋ²	ʂoŋ²	tsoŋ²
秤	tsaŋ⁶	dziɛn⁶	ɕaŋ⁶	ʂaŋ⁶	tsaŋ⁶
绳	tsɯk¹⁰	dzua⁶	ɕak⁷	ʂa⁶	tsɯk¹⁰

从塞擦音的对应来看，文山地区壮语在砚广土语和文麻土语中保留了塞擦音 ts，而桂边土语和丘北土语则以 ɕ、ʂ 来对应。在"称、绳"两词中文麻土语保留了双数调的浊塞音，因此塞擦音的调类显得有些杂乱。

（二）tɕ<k（i、e 前单、双数调）——桂边、丘北、砚广三土语

tɕ<kl（单、双数调）——右江、桂边、丘北、砚广四土语及大新

tɕ（或 ts）<pl（单数调）右江土语及大新（送气声母大新变 s）

地区 词义	砚广	文麻	桂边	丘北	麻栗坡
臂	tɕhen¹	mu²	tɕen¹	ʂan¹	ɕen¹
隔开②	tɕek¹⁰	kə⁶	tɕek⁷	kə⁶	tɕek¹⁰

① 文麻土语中这个词为汉语借词。
② 文麻土语和丘北土语为汉语借词。

续表

地区 词义	砚广	文麻	桂边	丘北	麻栗坡
桥	tɕet¹⁰	—	tɕiu²	ɕiu²	tɕat¹⁰
捡拾	tɕep⁷	ku³	tɕip⁷	ʂəp⁷	tɕep⁷
芭蕉	koi³	—	tsu:i³	ʂu:i³	kui³
鼓	kɔŋ¹	—	tsuŋ¹	kuaŋ¹	tsoŋ¹
远	kai¹	kui¹	tsai¹	kai¹	kwai¹
孤儿	pja⁴	—	tsa⁴	ʂa⁴	pja⁴
鱼	pja¹	po¹	pja¹	pa¹	pja¹
走	pai¹	phɑ³	pja:i³	pai¹	pai¹
石山	phja¹	—	—	pa¹	phja¹
蔬菜	phjak⁷	phie²	pjak⁷	pak⁷	phjak⁷

k 在 i、e 前演化为 tɕ，在丘北土语中进一步演化为 ʂ，麻栗坡壮语"臂"一词中演化为 ɕ，可能正处于演化中，但目前来看只是个例。有一些词没有按规律演化为塞擦音，梁敏、张均如（1999）推测可能是复辅音 *kl 在演化的过程中这些词先脱落了 -l（或 -j），失去了演化为塞擦音的依据。复辅音声母 pl 在文山壮语中仅有"孤儿"一词在桂边土语和丘北土语中演化为 ts、ʂ，① 其他词演化为 pj、phj 或 p，广西田东壮语中上述 *pl 已全部演化为 tɕ。

（三）ts（tɕ）~ɕ（tsh）~s（θ）（双数调）

地区 词义	砚广	文麻	桂边	丘北	麻栗坡
买	su⁴	zu⁴	ɕɯ⁴	ʂɯ⁴	θɯ⁴

---

① 邕南也出现了这个现象，梁敏、张均如（1999）认为这个词与浊复辅音声母 *gl 相关，适用于台语北支的解释，中支和西南支仍为 *pl。

119

续表

地区 词义	砚广	文麻	桂边	丘北	麻栗坡
象	tsa:ŋ⁴	—	ɕa:ŋ⁴	ʂɯ:ŋ⁴	tsa:ŋ⁴

"买"在北部方言一些地方念为 ts，南部方言为 s 音类，在文麻土语中保留了双数调的浊擦音 z。

三、鼻音声母

文山壮语和其他地区壮语一样，鼻音声母 m、n、ŋ、ɲ 的词出现的频率较高，而且在单、双数调中都出现，单数调主要来源于古清鼻音声母 *hm、*hn、*hŋ、*hɲ 的演化，双数调主要保留了古浊鼻音声母 *m、*n、*ŋ、*ɲ，各地的例词对应相对整齐。

（一）m～m、n～n（单、双数调）

ɲ～j～ŋ～h（单数调），ɲ～j～ŋ（双数调）

ŋ～h～ʔ（单数调，字数很少），ŋ～h（仅大新一点）～ʔ（少数字）（双数调）

地区 词义	砚广	文麻	桂边	丘北	麻栗坡
狗	ma¹	mo¹	ma¹	ma¹	ma¹
猪	mu¹	mu¹	mu¹	mou¹	mu¹
丧偶妇女	ma:i³	mɑ³	ma:i⁵	me⁵	ma:i³
果子	mak⁹	ku³	mak⁷	ma⁵	mak⁹
母亲	me⁶	mei⁶	me⁶	miə⁶	me⁶
有①	mi²	—	mi²	mei²	mi²
辣②	ma:n⁶	—	ma:n⁶	—	ma:n⁶

---

① 文麻土语中这个词语读为 tei¹，与各土语显然不同源，来源不明确。
② 这个词在砚广土语、桂边土语和麻栗坡中为"辣椒"的意思，一般与"mak⁹"连用。

续表

地区 词义	砚广	文麻	桂边	丘北	麻栗坡
蚂蚁	mat⁷	mə²	mat⁸	mat⁸	mat⁸
厚	na¹	no¹	na¹	na¹	na¹
老鼠	nu¹	niu¹	nu¹	nu¹	nu¹
皮肤	naŋ¹	niɛn¹	naŋ¹	naŋ¹	naŋ¹
重	nak⁷	nie⁴	nak⁷	nak⁷	nak⁷
田	na²	no²	na²	na²	na²
肉	nə⁴	po¹	no⁶	nuə⁶	nu⁴
睡	nɔn²	nuaŋ²	nin²	nən²	non²
弟，妹	nɔŋ⁴	nuõŋ⁴	nu:ŋ⁴	nua:ŋ⁴	noŋ⁴
草	ŋa³	ŋo³	ŋa¹	ŋa¹	ŋa³
苍蝇	—	—	ŋɛ:n¹	ŋa:n¹	—
听见	ŋin²	ʔbuɑ²	ŋie¹	ŋi¹	ŋin²
筋	jen²	jiŋ²	ŋin²	ŋən²	jen²
蚊子	juŋ²	zən⁶	ne:ŋ²	ŋa:ŋ²	ŋuŋ²
缝	ŋep⁷	—	—	—	—
腮	ŋuk¹⁰	—	ŋuk⁷	—	—
早饭	ŋa:i²	dzau⁴	ŋa:i²	ne²	ŋa:i²
蛇	ŋu²	ŋu²	ŋɯə²	ŋu²	ŋu²
傻	ŋoŋ⁶	ŋuõŋ⁶	—	—	—
芦苇	ʔo³	ʔu³	ʔem¹	ŋua³	ʔo³

从上述对应中看，砚广土语、文麻土语和麻栗坡在 ŋ 声母的对应中，部分例词已经向 j 声母演化，桂边土语有些词变为 n，丘北土语有些词变为 ŋ，目前正处于演化中。"芦苇"一词在文山壮语中由 ŋ 变成 ʔ（丘北土语例外），声调则由阳调变为阴调，台语西南支的情况也相似。

(二) ʔm～m、ʔn～n、ʔȵ～ȵ、ʔŋ～ŋ 等（单数调）

地区 词义	砚广	文麻	桂边	丘北	麻栗坡	来宾
背（物）①	ʔɔ⁵	—	ʔa:m⁵	ʔa:m⁵	ʔɯ⁵	ʔma⁵
钝	pom¹	khei³	pom¹	muap⁸	pom¹	ʔmum³
看（书）	jɯ⁵	nɑ⁵	zau⁶	lɯ⁴	ŋau⁴	ʔne:m⁵
温（水）	ʔun⁵	ʔun⁵	ðau³	ða:u³	ʔun⁵	ʔnum⁵
爪	let⁷	lə²	ȵap⁷	ðei²	lep⁷	ʔȵa:u³
皱纹	ɕiu⁵	niu³	ðum⁵	ðia:u⁵	dap⁷	ʔȵau⁵
沿着	lai⁶	ʔdoȵ³	θi¹	ðe⁶	lai⁶	ʔȵa:i¹
牛叫	loŋ⁴	juõŋ⁴	ʔda:ŋ¹	ʔda:ŋ¹	ðɔŋ⁴	ʔŋe⁵
抓（脸）	kwa¹	—				ʔŋwa:i³
抓（痒）	kau¹					ʔŋwa¹

ʔm、ʔn、ʔȵ、ʔŋ 等四个带先喉塞的鼻音声母主要保留在广西红水河土语和桂北土语，而且例词不多，来宾和贵港对应较为一致，其他地区主要以不带先喉塞音对应。从文山壮语来看，对应不规律，只有"背"一词对应规律，能看出演化。从原始侗台语中看，鼻音主要分为三套：带先喉塞、清的、浊的，现代侗台语中只有水语保留了这三套，保留了两套的语言不多，大部分语言只保留了一套。泰文、老挝文、兰那文中以带不带前引 h② 来区分清浊两类鼻音，但目前仅存于文字之上。梁敏、张均如（1996）构拟为 *ʔm、*ʔn、*ʔȵ、*ʔŋ，李方桂（1977）未构拟出带先喉塞鼻音声母。

(三) 由鼻音等构成的复辅音（或唇化、腭化音）声母

1. ml～mr～mɣ～mj～m～n～l（双数调）

---

① 砚广土语和麻栗坡是"背（孩子）"的意思，桂边土语这个例词是剥隘的。
② 只有泰文正字法中称为前引字，老挝文和兰那文中仍作为单独的辅音。

词义	砚广	文麻	桂边	丘北	麻栗坡	邕南
口水	na:i²	lɑ²	na:i²	ne²	na:i²	mla:i²
生锈	nai⁴	—	nai⁴	na:i⁴	—	—
虱子	men²	mei⁶	nan²	na:n²	—	mlan²
飞虫	mɛŋ²	miaŋ²	nɛ:ŋ²	nɯ:ŋ²	meŋ²	mle:ŋ²
滑	mjak¹⁰	miai⁶	ha:u⁴	ðau²	mjak¹⁰	mla:k¹⁰

文山壮语中没有保留 ml 或 mr 鼻音复辅音，麻栗坡和砚广土语、文麻土语一样，演化为腭化音 mj>m>l，桂边土语和丘北土语受到 -l- 的影响 m 演化为 n。

2. m～f（双数调）

具有这种对应的词来源于古声母 *mw。

3. n～l（双数调）

具有这种对应的词不多，可能来自古声母 *nl。

地区 词义	砚广	文麻	桂边	丘北	麻栗坡
泥鳅	-lot⁷	-lə⁴	-ra:t¹⁰	nəm⁶	ɕit⁷
慢	pun⁵	phi³	lum⁵	pən⁵	pun⁵

4. ŋw（ŋv）～ŋ̊w～ŋ～w（v）～m～h（双数调字比较多）

地区 词义	砚广	文麻	桂边	丘北	麻栗坡
日，天	hɔn²	waŋ²	van²	ŋwan²	hon²
哑	ham⁴	ɣaŋ⁶	ŋam⁴	ʔua⁴	ʔam³
点（头）	ŋek⁷	—	ŋok⁸	ŋok⁸	ŋak⁷
瓦	wa⁴	—	ŋwa⁴	ŋwa⁴	va⁴
核	hui⁵	—	ŋui⁶	ŋui⁶	hui⁵

具有这个对应的词来源于古声母 *ŋw，分布面较广。在部分词中，尤其是在圆唇元音之前读作 ŋ，在南部方言某些地方 w 或 ŋ 消失，读作 ŋ 或 w，砚广土语更进一步读为 h（例词占大多数）①。丘北土语和麻栗坡在"哑"一词中进一步演化为喉塞音 ʔ，虽然只是个例，但仍值得关注。

四、擦音声母

（一）唇齿擦音声母 f 和 v

1. f～w（v）～ph（单数调）

地区 词义	砚广	文麻	桂边	丘北	麻栗坡
水坝	pha:i¹	phɑ¹	va:i¹②	ve¹	pha:i¹
棉花	pha:i³	—	va:i¹	ve⁵	pha:i³
锅盖	pha¹	pho⁵	va¹	va¹	pha¹
簸（米）	wi¹	sai⁵	vi⁵	vi⁵	vi¹

来自古声母 *pw。主要出现在单数调中，砚广土语、文麻土语和麻栗坡演化为 ph，桂边土语和丘北土语演化为 w。李方桂（1977）拟为 *f，这也是两者构拟的区别之一。

2. f～w（v）～h（一些地方，u 前）～ph（单数调）

地区 词义	砚广	文麻	桂边	丘北	麻栗坡
补	phuŋ¹	phoŋ²	vɯ:ŋ¹	ɣuŋ¹	phuŋ¹
雨	phan¹	phən²	hun¹	vən¹	phan¹

---

① 广南县的砚广土语同时存在 ŋ、w 和 h，每个乡镇都有一些差异，具有差异性，与 *ŋw 的演化有关系。年龄代际差异上，老年人多用 ŋ，年轻人多用 h。

② 在剥隘土语中读为 fa:i¹。

③ 梁敏、张均如（1999：191）未把这个词写出来，砚广土语"云"[pha³mok⁹]，现在的 pha³ 多用于"云""手"的量词。

续表

地区 词义	砚广	文麻	桂边	丘北	麻栗坡
鳖	pha¹	—	vɯə¹	—	pha¹
云	pha³①	phei⁵	va³	kuan⁵	pha³
民歌	lən⁴	zuŏŋ⁴	vɯ:n¹	ɣun¹	lən⁴
种子	fan²	vaŋ²	van¹	van¹	fan²

从上表中看，文麻土语在"补""雨"两词中读为双数调，主要受送气变调的影响，1调部分例词遇到送气时变为2调。"民歌""种子"两词中，砚广、文麻和麻栗坡读为双数调，桂边和丘北读为单数调，虽然调类不一样，但应该是同源词，相同的例子还有第一人称"我"桂边 ku¹、丘北 kau¹、文麻 kau¹，在砚广和麻栗坡都读为 ku⁴，具有同源关系。

3. f～w（v）～h（在丘北、文麻土语，u 前则变 ɣ）（双数调）

地区 词义	砚广	文麻	桂边	丘北	麻栗坡
火	fai²	vei²	fi²	vei²	fai²
柴	hun²	ɣun²	fən²	vən²	hun²
粽子	faŋ⁴	viεn⁴	faŋ⁴	va:ŋ⁴	faŋ⁴
孵	fak⁷	vi²	fak⁸	vak⁸	fak⁸
鞭打	fat¹⁰	vai²	fat⁸	vet⁸	fat¹⁰
稻草	fa:ŋ²	—	fɯ:ŋ²	vɯ:ŋ²	fa:ŋ²

砚广土语在"孵"一词中，受声调合并的影响原属于8调的例词合并到7调中，所以读为单数调。

4. f~m（双数调）

地区\词义	砚广	文麻	桂边	丘北	麻栗坡
荒凉	mə²	—	mo⁵	vɯ²	mɯ²
手	muŋ²	mu²	fuŋ²	vəŋ²	muŋ²
神鬼	—	—	fa:ŋ²	vɯ:ŋ²	—
树	mai⁴	mai⁴	mai⁴	vai⁴	mai⁴
瞎	—	—	me:ŋ²①	—	—

具有这种对应的词来源于 *mw，在砚广、文麻和麻栗坡中念为 m，丘北土语念为 v<*mw，桂边土语较为特殊，一部分念 f，一部分念 m，正处于演化中。

（二）舌前擦音 s

1. θ~ɬ~s~r（单、双数调）

地区\词义	砚广	文麻	桂边	丘北	麻栗坡
肠子	sai³	sei³	θai³	θai³	θai³
三	sa:m¹	saŋ¹	θa:m¹	θe:m¹	θa:m¹
编织	sa:n¹	—	θa:n¹	θe:n¹	θa:n¹
园子	son¹	sun¹	θɯ:n¹	θun¹	θən¹
教	son¹	—	θon¹	θuan¹	θon¹
高	suŋ¹	soŋ¹	θa:ŋ¹	θɯ:ŋ¹	θuŋ¹
直	sɯ⁶	zu⁶	θo⁶	θə⁶	θɯ⁶
左边	sa:i⁴	zɑ⁴	θɯ:i⁴	—	θa:i⁴
竹竿	sa:u³	—	—	—	θa:u³

---

① 剥隘土语的词。

续表

地区 词义	砚广	文麻	桂边	丘北	麻栗坡
发抖	sen^5	—	θan^5	θa:n^5	θan^5
洗（衣）	sak^7	zie^2	θak^8	θak^8	θak^8

梁敏、张均如（1999）把这一类声母统称为 s 声类，s 声类有清浊之分，念单数调的词来源于古清擦音声母 *s，念双数调的词来源于古浊擦音声母 *z。文麻土语在双数调的词中仍保留了古浊擦音声母 z，其他地方均已清化为 s（砚广）和 θ（桂边、丘北、麻栗坡）。"发抖"一词在广西壮语读为双数调，文山壮语和台语西南支均读为单数调，梁敏、张均如（1996）构拟为 *z，李方桂（1977）构拟为 *s；"竹竿"一词仅砚广、龙州、德宏表现为单数调，其他地方均表现为双数调，古浊音声母 *z 在清化过程中有些词在某一方言中声调也发生了改变。

2. s（θ、ɬ、r）~ ts（tɕ）（单数调）

s（θ、ɬ、r）~ kh（khj、tɕh）（单数调）

地区 词义	砚广	文麻	桂边	丘北	麻栗坡
男人	tɕa:i^2	dzɑ^2	θa:i^2	ɕi^2	tsa:i^2
蜈蚣	tɕhep^7	—	θip^7	θip^7	ɕep^7

具有这种对应的词可能来源于复辅音声母，仅各见一词。"男人"一词在文山壮语和西南支均读为双数调，广西壮语读为单数调，梁敏、张均如（1999：193）广南（侬）中这个词记为 1 调，应该记为 2 调，或是广南（侬）中发生了 1 调分化并入 2 调的情况，有待进一步研究。"蜈蚣"一词李方桂（1977）构拟为 *khr。

(三) 喉部擦音 h

1. h ~ x ~ ɣ ~ j（单数调）

地区\词义	砚广	文麻	桂边	丘北	麻栗坡
五	ha³	xo³	ha³	ɣa³	ha³
埋	ham³	—	ha:m¹	ɣa:m¹	—
答	—	—	han¹	ɣen¹	—
鹅	ha:n⁵	xaŋ⁵	ha:n⁵	ɣen⁵	ha:n⁵
黄色	hen³	liuŋ¹①	hen³	jan³	hen³
早晨	—	—	hat⁷	ɣat⁷	—

具有这种对应的词来源于古声母 *h，绝大多数地方都念 h，砚山和文麻土语念 x，丘北土语念 ɣ，丘北土语中也存在声母 h，但多用于拼写汉语借词。

2. h～ɣ～j～kh～tɕh（单数调）

地区\词义	砚广	文麻	桂边	丘北	麻栗坡
上山	khun³	khun³	kən²	kən²	khən³
膝盖	khau⁵	khau⁵	ho⁵	ɣuə⁵	khau⁵
奴婢	khoi³	—	ho:i⁵	ɣuai⁵	—
进	khau³	—	hau³	—	khau³
臭	—	—	hau¹	ɣau¹	—
绿	tɕhiu¹	tɕhiu²	heu¹	jiau¹	ɕiu¹
牙齿	—	—	hiu³	ja:u³	—
砧板	tɕhiŋ¹	—	hiŋ³	jaŋ¹	—
白	kha:u¹	kha:u²	ha:u¹	ɣo¹	kha:u¹
跨	kha:m³	ŋaŋ⁶	ha:m³	ɣəm³	kha:m³
鸡啼	khan¹	—	han¹	ɣan¹	khan¹

① 文麻土语中这个词与其他土语显然不具有同源关系，但与西南支有同源关系，例如泰语 [lɯ:aŋ¹]、德宏傣语和西双版纳傣语 [lɤŋ¹]。

具有这种对应的词来源于古声母 *x，在砚广、文麻和麻栗坡中演化为 kh，遇到 i、e 时砚广、文麻演化为 tɕh，麻栗坡进一步演化为 ɕ；桂边演化为 h，丘北演化为 ɣ，少部分例词为 j。

3. h～x～ɣ～g～k～j（双数调）

地区 词义	砚广	文麻	桂边	丘北	麻栗坡
茅草	ha²	ɣo²	ha²	ɣa²	ha²
晚上	ham⁶	ɣaŋ⁶	ham⁶	ɣam⁶	ham⁶
夜里	hun²	—	hən²	ɣən²	hən²
喉咙	ho²	ɣu²	ho²	ɣuə²	ho²
赞扬	han¹	—	han⁶	ɣan²	han¹

具有这种对应的词来源于古浊声母 *ɣ，在丘北土语和文麻土语中仍保留了古浊声母 ɣ，在砚广土语、桂边土语和麻栗坡土语中清化为 h，"赞扬"一词中砚广土语和麻栗坡读为单数调，清化过程中声调也随之演化，但仅是个例，其演化有待进一步考查。

4. k～x～ɣ～g～k（双数调）

地区 词义	砚广	文麻	桂边	丘北	麻栗坡
扁担	ka:n²	gu²	ha:n²	ɣen²	ka:n²
下巴	ka:ŋ²	giɛn²	ha:ŋ²	ɣɯ:ŋ²	ka:ŋ²

这个例词的对应规律和上一条相同，梁敏、张均如（1996）构拟为 *ʁ，丘北土语为 ɣ，桂边为 h，砚广和麻栗坡为 k，文麻保留了双数调的浊塞音 g。李方桂（1977）构拟为 *ɣ，并认为具有对应的这几个词中，原始台语存在 *g 和 *ɣ 的替换。

5. h～x～ɣ～g～kh～tsh（tɕh）(南北方言单、双数调交替）

地区 词义	砚广	文麻	桂边	丘北	麻栗坡
苦	kham¹	khən²	ham²	ɣam²	kham¹
稻谷	khau³	khau³	hau⁴	ɣo⁴	khau³
屎	tɕhi³	tɕhɿ³	hai⁴	ɣai⁴	ɕi³
咬	khap⁷	khə²	hap⁸	ɣup⁸	khap⁷

具有这种对应的词来源于古声母 *ɣh，砚广、文麻和麻栗坡念单数调，但文麻1调送气演化为2调，桂边和丘北念双数调。声母方面砚广、文麻演化为 kh，在 i、e 前演化为 tsh(tɕh)，麻栗坡在 i、e 前进一步演化为 ɕ，桂边演化为 h，丘北演化为 ɣ。

6. h～k～kh（单数调）

地区 词义	砚广	文麻	桂边	丘北	麻栗坡
卖	kha:i¹	khɑ²	ka:i¹	ke¹	kha:i¹
腿	kha¹	kho²	ka¹	ka¹	kha¹
藤	khau¹	khəu²	kau¹	kau¹	khau¹

具有这种对应的词来源于古声母 *xk，梁敏、张均如（1996）结合侗水语支的情况认为原始侗台语中应念为 *xkw。李方桂（1977）构拟为古清送气音声母 *kh，也与南部方言发音更为接近。砚广、文麻和麻栗坡读为 kh，但文麻受送气变调的影响，声调变为双数调。桂边和丘北读为清不送气塞音声母 k。

（四）r 声类（也可以写作 /r/）

r 声类在壮语北部方言中有很多变体，例如 r、ɣ、z、ð、hj 等，它们不能同时出现在同一个地方的音系中，在少数地方也并入 l、s 或 j 声母中。在南部方言中对应情况比较复杂，德靖土语、砚广土语和文麻土语中也有 r 声母，一般读 r 或 z 等，一般只出现在双数调的例词中。北部方言的 r 声类的词在南部方言各地均依单、双数调分别读作好几个不同的声母，北部方言的 r 声类的词除了一小部分来自古声母 *ɣ 和 *r 之外，还有一些词是来源于原始台语的复辅音简化、合并而成的。

1. 北部方言多数地区：r～ɣ～ð～hj～j～l（单、双数调）

桂北土语：j（单数调）

r～s（和 θ、l—双数调）

地区 词义	砚广	文麻	桂边	丘北	麻栗坡
吠	hau⁵	khun³	ðau⁵	ðau⁵	ðau⁵
苋菜	-ham¹	—	ka:n¹	ken³	—
蚊帐	sut⁷	sə⁴	ðip⁷	ðip⁷	ðip⁹
长	li²	zei²	ðai²	ðai²	ði²
细糠	lam²	zaŋ²	ðam²	ðam²	ðam²
房屋	lɔn²	zun²	ða:n²	ðen²	ðən²
亮	luŋ⁶	zoŋ⁶	ðo:ŋ⁶	ðua:ŋ⁶	ðuŋ⁶
梳子	wi¹	ɕi¹	ðɯ:i¹	ðuai¹	vi¹
菌子	het⁷	sə⁴	ðat⁷	ðat⁷	hat⁷
风	lam²	lən²	ðum²	ðəm²	lam²
船	lə²	lo⁴	ðuə²	ðu²	ðɯ²
石头	thin¹	thən²	ðim¹	ðən¹	—
头虱	thau¹	thau²	ðau¹	ða:u¹	thau¹
斑鸠	tɕhau¹	tɕiu³	ðau¹	ða:u¹	ɕau¹
筛子	tshaŋ¹	—	ðaŋ¹	ðaŋ¹	ɕaŋ¹
鸟	nok⁷	nuɑ²	ðok⁸	ðok⁸	nok⁸
水	nam⁴	naŋ⁴	ðam⁴	ðam⁴	nam⁴

在这组 r 声类的对应中，只有北部桂边和丘北两支土语对应整齐，读为 ð，

131

剥隘读为 r。南部的砚广、文麻和麻栗坡对应多个声母 h、l、n、th 等，其中麻栗坡有几个词保留了 r 声类读音 ð，文麻土语在双数调的几个词中保留了 z。

2. r～hl～h～l（单数调）

地区 词义	砚广	文麻	桂边	丘北	麻栗坡
吠	hau⁵	khun³	ðau⁵	ðau⁵	ðau⁵
苋菜	-ham¹	—	kaːn¹	ken³	—
炒菜锅	—	—	ðak⁷	ðak⁷	—

具有这个对应的词来源于古清声母 *ɣ，砚广和文麻并入 h 声类，麻栗坡和桂边、丘北一样演化为 ð，这也是麻栗坡壮语的独特之处。

3. r～hl～z～ɬ～l（双数调）

地区 词义	砚广	文麻	桂边	丘北	麻栗坡
长	li²	zei²	ðai²	ðai²	ði²
鸡虱	lai²	—	ðai²	ðci²	ðai²
房屋	lɔn²	zun²	ðaːn²	ðen²	ðən²
鸡窝	laŋ²	—	ðuŋ²	ðuaŋ²	ðaŋ²
亮	luŋ⁶	zoŋ⁶	ðoːŋ⁶	ðuaːŋ⁶	ðuŋ⁶
细糠	lam²	zaŋ²	ðam²	ðam²	ðam²

具有这个对应的词来源于古浊声母 *r，砚广土语中与 *l 合流，梁敏、张均如（1999）提到广南（侬）的 r 正在演变为 l 的过程中，有些词 r、l 可以自由变读，有些词只有 l 一个读音，广南（侬）的调查点在小广南乡，在同一个镇上的坝汪村委会地区的壮语目前则已完成由 r→l 的演化过程。文麻土语与 *z 合流，龙州和田东读为 ɬ，桂边、丘北和麻栗坡表现为 ð。

4. r～hl～h（x）～w（v）～l（单数调）

地区 词义	砚广	文麻	桂边	丘北	麻栗坡
梳子	wi¹	ɕi¹	ðɯ:i¹	ðuai¹	vi¹
菌子	het⁷	sə⁴	ðat⁷	ðat⁷	hat⁷

具有这种对应的词来源于古声母 *rw。

5. r～hl～l（双数调）

地区 词义	砚广	文麻	桂边	丘北	麻栗坡
花的	la:i²	lɑ²	ða:i²	ðe²	la:i²
后天	lɯ²	lu²	ðɯ²	ðə²	lɯ²
船	lə²	lo⁴	ðuə²	ðu²	ðɯ²
风	lam²	lən²	ðum²	ðəm²	lam²
午饭	-leŋ²	-liaŋ²	ðiŋ²	-ðin²	-leŋ²
旱	leŋ⁴	liaŋ⁴	ðe:ŋ⁴	ðiaŋ⁴	leŋ⁴
牛栏	la:ŋ⁵	—	koŋ⁵	koŋ⁶	la:ŋ⁵
根	lak¹⁰	lie⁶	ðak⁸	ðak⁸	lak¹⁰

具有这种对应的词来源于古复辅音声母 *dl，在砚广、文麻和麻栗坡中脱落了 d，演化为 l，在桂边和丘北中则演化为 ð。

6. t～r～th（单数调）

地区 词义	砚广	文麻	桂边	丘北	麻栗坡
剪	tet⁷	tai⁴	ðat⁷	ðat⁷	tat⁷
屁	tot⁷	tə⁶	ðat⁷	ðat⁷	tat⁷
满	tem¹	tən¹	ðim¹	ðəm¹	tem¹

具有这种对应的词来源于古复辅音声母 *tl，在砚广、文麻和麻栗坡中脱落了流音 -l，演化为 t，在北部方言的桂边和丘北中由于 t 与 l 的相互影响，演化为 r 声类。

7. r～h～th（单数调）

地区 词义	砚广	文麻	桂边	丘北	麻栗坡
头虱	thau¹	thau²	ðau¹	ða:u¹	thau¹
暖和	—	—	ðau³	ðau³	—
睾丸	tham¹	—	ram¹①	ðam¹	tham¹
见	then¹	than²	ðan¹	ðan¹	than¹
石头	thin¹	thən²	ðim¹	ðən¹	—
尾巴	tha:ŋ¹	thiɛn²	ðɯ:ŋ¹	ðin¹	tha:ŋ¹
挑担	thap⁹	thai⁵	ðap⁷	ðəp⁷	thap⁹

具有这种对应的词来源于古复辅音声母 *tr，在砚广、文麻和麻栗坡中由于 t 和 r 的相互影响，演化为 th，桂边和丘北中则是脱落了 t，演化为 r 声类的变体，剥隘中仍保留了声母 r。

8. r～hl～l～h～khj～tɕh（单数调）

地区 词义	砚广	文麻	桂边	丘北	麻栗坡
六	tshok⁷①	tshuɑ²	ðɔk⁷	ðok⁷	tshok⁷
量（布）	tsha:u¹	kho²	ða:u¹	ðo¹	ɕa:u¹
笑	kho¹	khu²	ðiu¹	jiu¹	khu¹
筛子	tshaŋ¹	—	ðaŋ¹	ðaŋ¹	ɕaŋ¹
枫树	tshau¹	—	ðau¹	ðau¹	—

① 剥隘的例词。
② 砚广中还有一个读法为 lok⁷，一般用于表示月份，例如六月 [doŋ¹lok⁷]。

续表

地区 词义	砚广	文麻	桂边	丘北	麻栗坡
斑鸠	tshau¹	tɕiu³	ðau¹	ðaːu¹	ɕau¹

具有这种对应的词来源于古复辅音声母 *kr，桂边和丘北保留了复辅音的第二辅音 -r，演化为 r 声类方音变体。砚广演化为 tsh，文麻演化为 kh，麻栗坡演化为 ɕ，演化的路径应该是 *kr>kh>tsh>ɕ。李方桂构拟为 *xr，并认为中支的 *xr 声母与 *khr-、*khl- 合流了，但从文麻土语中看，可能只是一部分合流了，另一部分仍保留了 *xr 的特征（参见陆明鹏2020：75）。

9. r～n（双数调）

地区 词义	砚广	文麻	桂边	丘北	麻栗坡
水	nam⁴	naŋ⁴	ðam⁴	ðam⁴	nam⁴
露水	—	—	ðaːi²	ðe²	—
鸟	nok⁷	nuɑ²	ðok⁸	ðok⁸	nok⁸
外面	nok¹⁰	no³	ðok⁸	ðuə⁶	nok¹⁰

具有这种对应的词来源于古复辅音声母 *nr，砚广、文麻和麻栗坡保留了复辅音的第一辅音 n，桂边和丘北则保留了第二辅音 -r，演化为 r 声类方音变体。

10. r～ŋ～n（双数调）

地区 词义	砚广	文麻	桂边	丘北	麻栗坡
芝麻	ŋa²	—	ða²	ða²	ŋa²
影子	ŋau²	—	ðau²	ðau²	ŋau²

具有这种对应的词来源于古复辅音声母 *ŋr，南部方言大部分保留了第一辅音 ŋ，仅钦州念 n，桂边和丘北保留了第二辅音 -r，演化为 r 声类方音变体。

11. r～kl～k～l（双数调）

地区 词义	砚广	文麻	桂边	丘北	麻栗坡
谷壳	lep⁷	—	ðep⁸	—	—
漱（口）	la:ŋ⁴		rɯ:ŋ⁴①	ðin⁴	la:ŋ⁴

具有这种对应的词来源于古复辅音声母 *gr，例词较少，在砚广和麻栗坡中演化为 l，桂边和丘北演化为 r 声类方音变体。

五、通音声母

（一）边（近）音

1. l～l（单、双数调）

地区 词义	砚广	文麻	桂边	丘北	麻栗坡
多	la:i¹	lɑ¹	la:i¹	le¹	la:i¹
酒	lau³	lau³	lau³	lau³	lau³
怕	—	—	la:u³	lo¹	—
背	laŋ¹	liɛn¹	laŋ¹	laŋ¹	laŋ¹
暗	—	—	lap⁷	lap⁷	—
水车	—	—	lɔk⁷	—	—
舌头	lin⁴	lən⁴	lin⁴	lən⁴	lin⁴
穿山甲	lin⁶	—	lin⁶	lən⁶	lin⁶
跌倒	lam⁴	—	lam⁴	—	lam⁴
血	lut¹⁰	lue⁶	lɯ:t¹⁰	lut⁸	lət¹⁰
儿子	luk¹⁰	luɑ⁶	lɯ:k¹⁰	lək⁸	luk¹⁰

---

① 剥隘的词。

单数调的词来源于古清声母 *l，双数调的词来源于古浊声母 *l，在各土语之间对应工整。

2. 1~lw（单数调）

地区 词义	砚广	文麻	桂边	丘北	麻栗坡	宜山	永福	凤山
鳝鱼①	lot⁷	lə⁶	—	—	—	lwai¹	lwai¹	—
流	lai¹	—	lai¹	lai¹	lai¹	—	lwai¹	lai¹
矛	lem¹	—	luan²	—	lem¹	—	—	lwe:m¹

柳江、桂边和桂北土语多唇化音声母，与其他地区呈 l~lw 对应情况，这些土语内部对应也不整齐，类似的现象在文山壮语中的对应也不明显。

（二）j、w（或 v）和 ʔj、ʔw

北部方言除柳江土语和桂北土语外，其他大多数地区都有 ʔj、ʔw 声母，少数地区只保留了其中一个。南部方言德保还保留了 ʔj、ʔw 声母，其他地区一般都没有这两个声母，梁敏、张均如（1999）记录了广南（侬）仍存在 ʔw 声母，不过例词仅有 2~3 个。从目前的调查来看，ʔw 声母的喉塞成分已经演化，听感上已经与 w 相同，书上提供的例词"向［ʔwe⁵］"和"傻［ʔwa³］"，第三调和第五调发音低沉，第三调发音伴随着有喉塞的结尾，所以在这里我们处理成调上的区别。

有些地方的 ɲ、ʔɲ 声母的词已经部分或全部演化成 j，特别是泰语中 ɲ 声母已经全部演化成 j 声母。

1. ʔj~j~ʔ（单数调）

j~j（双数调）

地区 词义	砚广	文麻	桂边	丘北	麻栗坡
住，在	ju⁵	jiu⁶	ju⁵	dzau⁵	ju⁵

---

① 砚广和文麻是"泥鳅"的意思。

续表

地区 词义	砚广	文麻	桂边	丘北	麻栗坡
药,医	ja¹	ja¹	ʔie¹	dzu¹	ja¹
收藏	jo¹	—	jo¹	—	jo¹
一步	ja:m⁵	—	za:m⁵	dzem⁵	ja:m⁵
饿	jak⁹	jai⁵	jik⁹	dzu⁵	jak⁹
女人	ja⁶	—	ja⁶	ja⁶	ja⁶
举（手）	jaŋ⁴	—	ji⁴	—	jaŋ⁴

单数调的词来源于古清声母 *ʔj，双数调的词来源于古浊声母 *j，在砚广、文麻和麻栗坡中都演化为 j，桂边中古清声母 *ʔj 演化为 j 或 ʔ，丘北土语的演化最为特别 *ʔj>dz。

2. ʔw～w（v）～ʔ（单数调）

地区 词义	砚广	文麻	桂边	丘北	麻栗坡
倾斜	we⁵	—	ʔwe⁵	—	ve⁵
傻子	wa³	ŋuõŋ⁶	ʔua³	ʔua³	ʔak¹⁰

具有这种对应的词来源于古声母 *ʔw，在砚广中演化为 w，桂边和丘北中演化为 ʔ，麻栗坡演化为 v 和 ʔ。

3. w（v）～w（v）（单、双数调）

地区 词义	砚广	文麻	桂边	丘北	麻栗坡
缺（唇）	wa:u⁶	—	va:u⁶	vo⁶	va:u⁶
缺（口）	wa:u⁶	—	va:u⁶	vo⁶	va:u⁶
空	wa:ŋ⁵	—	va:ŋ⁵	vu:ŋ⁵	va:ŋ⁵

续表

地区 词义	砚广	文麻	桂边	丘北	麻栗坡
甜	wa:n^1	xuaŋ^1	va:n^1	ɣa^1	va:n^1
丢掉	wit^7	—	vit^8	vət^8	vit^7
招（手）	wat^{10}	xui^1	wa:t^{10}	—	vat^{10}

单数调的词来源于古清声母 *w，双数调的词来源于古浊声母 *w，整体上对应整齐，文麻土语的例词虽有，但从形式上看不具有同源关系。

4. w（v）~khw（khv、kh）（单数调）

地区 词义	砚广	文麻	桂边	丘北	麻栗坡
横	khwa:ŋ^1	—	va:ŋ^1	va:ŋ^1	khwa:ŋ^1
斧头	khwa:n^1	khuaŋ^2	va:n^1	ven^1	khon^1
挂	khwen^1	tshiaŋ^2	ven^1	ven^1	khwen^1

具有这种对应的词来源于古声母 *xw，在砚广和麻栗坡中演化为 khw<*xw，麻栗坡中 khw 在向 kh 演化，文麻土语中演化为 kh，桂边和丘北则演化为 v。

5. w（v）~g（或 gw）~k（或 kw）~h（双数调）

地区 词义	砚广	文麻	桂边	丘北	麻栗坡
人	kɔn^2	gun^2	hun^2	vən^2	kon^2
慢慢	koi^6-①	guai^6	—	—	ko^6
水牛	wa:i^2	wɑ^2	va:i^2	ve^2	va:i^2
卷（袖）	wit^7	—	hit^8	—	vit^7

---

① 这个词是慢慢、小心的意思，koi^{6}sa:n^5 不能拆开单用，梁敏、张均如（1999）没有把这个词补充出来，广南（侬）中是有这个同源词的。

具有这种对应的词来源于古声母 *ʁ 和 *ɣw，*ʁ 声母在砚广和麻栗坡中演化为 k，在文麻中演化为 g，桂边中演化为 h，丘北演化为 v。*ɣw 整体演化较为整齐，脱落了 ɣ，保留了 w（v）。

6. w（v）~jw~j

词义	砚广	文麻	桂边	丘北	麻栗坡
指（路）	ja:i⁴	—	ji⁴	jei⁴	ja:i⁴

具有这种对应的词来源于 *jw，但仅有一个例词。

本节通过对声类对应观察麻栗坡壮语与四个土语间的对应关系，在音系描写的基础之上更深入地了解了麻栗坡壮语的语音特点。在塞音、塞擦音、鼻音、边音上，麻栗坡壮语与砚广土语演化的方向和所处的演化较为一致。在擦音的演化上与桂边土语和丘北土语演化相近。综上所述，通过对四个土语与麻栗坡壮语声类的对应，了解原始台语在麻栗坡壮语和四个土语间的演化轨迹，所调查点的壮语更贴近砚广土语。

第四节　词汇

词汇是语言表达的具体要素，是语言表达中不可缺少的重要内容。麻栗坡壮语是语素音节语言。词汇系统中主要有固有词素构成的词，也有吸收外来的借词，还有固有词素和借词词素合成的词。本章讨论麻栗坡壮语的构词法和借词。

一、构词法

从词素或词的构成要素看，麻栗坡壮语的构词类型有单纯词和合成词。合成词可分为复合式和附加式。其中，复合式居多，附加式偏少。

麻栗坡壮语大部分词素可独立使用。单纯词在基本词汇中占重要地位。

按音节分可分为单音节、双音节及多音节词三类。

（一）单纯词

1. 单音节单纯词

单音节单纯词是指由一个音节组成并表达独立意义的词。常见于名词、基数词、量词、代词、副词、形容词、动词、连词、叹词、助词等词中。其中，单音节单纯词以形容词、名词和动词居多。如：

dat⁹ 烫、热　　　　　ɕet⁷ 抹
mai⁴ 树木　　　　　θa:i¹ 线
mi² 有　　　　　　　nam⁴ 水
lam² 风　　　　　　　khau³ 米
ðai⁶ 旱地　　　　　　bau¹ 叶子
ti⁵ 密　　　　　　　 ku⁴ 我
kha¹ 腿　　　　　　　pi¹ 年
na² 水田　　　　　　pai¹ 去
ŋa³ 草　　　　　　　nai⁶ 这

2. 多音节单纯词

多音节单纯词是指由两个或两个以上无独立意义的音节组成的单纯词。各音节之间可能有也可能没有语音上的联系。ban³bi³ 旋转 pən⁵pe⁵ 围绕细分大致有以下三种：

（1）双声词是指前后两个音节声母相同的词。在麻栗坡壮语中较少。如：

da:u¹di⁵ 星星　　　　　min⁶mu⁶ 灰尘
ɕiŋ⁶tsa:ŋ¹ 中间　　　　mu⁴mi⁴ 黎明
nuŋ³na:ŋ³ 吊儿郎当　　luk⁷lak¹⁰ 突然

（2）叠韵词是指前后两个音节韵母相同的词，麻栗坡壮语中叠韵词较多。如：

kiŋ²liŋ² 真实　　　　　tap⁷tap¹⁰ 收拾
liŋ⁴ɕiŋ⁴ 整理、打扮　　na³tha³ 脸面
ʔok⁹dok⁹ 开花　　　　　θɯk⁷ʔɯk⁷ 打嗝

（3）麻栗坡壮语中拟声词不多见。如：

li⁴le³ 唢呐　　　　　　　　ʔak⁷ʔe⁴ 蛤蚧

（二）合成词

由多个语素构成的词称为合成词或复合词，麻栗坡壮语的合成词由实词语素和虚词语素组成。

1. 词头加词根

（1）词头 tsa:ŋ¹（pjoŋ⁶）加一天的时间量词（或名词）的合成名词

tsa:ŋ¹hon² 白天　　　　　tsa:ŋ¹ham⁶ 夜晚　　　　tsa:ŋ¹hun² 深夜
tsa:ŋ²nauɯ¹ 上午　　　　pjoŋ⁶hon² 中午

（2）词头 mak⁹ 加水果类、蔬菜类的名词的合成名词

mak⁹puk⁷ 柚子　　　　　mak⁹ma:n⁶ 辣椒　　　　mak⁹θam³ 李子
mak⁹ka:m¹ 橘子　　　　　mak⁹ʔit⁷ 葡萄　　　　　mak⁹θe⁵ 杨梅

（3）词头 ta:i⁶ 加基数词和 tɕi³（几）等于序数词

ta:i⁶ʔat⁷ 第一　　　　　ta:i⁶ŋi⁶ 第二　　　　　ta:i⁶ha³ 第五
ta:i⁶pet⁹ 第八　　　　　ta:i⁶θip⁷ 第十　　　　　ta:i⁶tɕi³ 第几

（4）词头 tsho⁶ 加十或十以内的基数词表示农历每月上旬日

tsho⁶ʔat⁷ 初一　　　　　tsho⁶ŋi⁶ 初二　　　　　tsho⁶θi⁵ 初四
tsho⁶tshok⁷ 初六　　　　tsho⁶kau³ 第九　　　　　tsho⁶θip⁷ 初十

（5）toŋ² 加动词词根，toŋ² 表示互相的意思

toŋ²huɯ¹ 互助　　　　　toŋ²da⁵ 互骂　　　　　toŋ²lum³ 相似
toŋ²ʔum³ 相抱　　　　　toŋ²dai¹ 相好　　　　　toŋ²the¹ 一起跑

（6）to² 加趋向动词词根，表示方向

to²pai¹ 前进的方向　　　to²ma² 回来的方向　　　to²khun³ 向上
to²loŋ² 向下　　　　　　to²mə² 去的方向　　　　to²tau² 回的方向

（7）hok⁷ 加动词或名词词根，表示某种行为的泛称，hok⁷ 是"做"的意思

hok⁷khau³ 做饭　　　　　hok⁷phjak⁷ 做菜　　　　hok⁷na² 种田
hok⁷ðai⁶ 种地　　　　　hok⁷θak⁷ 洗衣服　　　　hok⁷ðən² 成家

（8）luk¹⁰加名词，luk¹⁰表示"小"的意思

luk¹⁰ʔeŋ¹ 小孩子　　　　luk¹⁰mu¹ 小猪　　　　luk¹⁰tsai⁵ 小鸡
luk¹⁰ma¹ 小狗　　　　　luk¹⁰va:i² 小牛　　　 luk¹⁰pat⁷ 小鸭

2. 词根加词尾

（1）行为动词加 hɯk⁹（h 表示与前面词根相同的声母），表示催促或者瞬间完成的意思

pai¹pɯk⁹ 快去　　　　θak⁷θɯk⁹ 快洗　　　　tham³thɯk⁹ 快砍
tok¹⁰tɯk⁹ 快读　　　　the¹⁰thɯk⁹ 快跑　　　tɕin¹tɕɯk⁹ 快吃

（2）形容词加 tsaɯ³（很、非常），构成有强调意义的合成形容词

θuŋ¹tsaɯ³ 非常高　　　dak⁷tsaɯ³ 非常深　　　kham¹tsaɯ³ 非常苦
va:n¹tsaɯ³ 非常甜　　　dam¹tsaɯ³ 非常黑　　　phom¹tsaɯ³ 非常瘦

3. 复合词

用几个词根（实词语素）构成的一种词①，麻栗坡壮语复合词有联合式、修饰式、主谓式、支配式和补充式五种。

（1）修饰氏复合词

麻栗坡壮语中这类词较多，构成的方式通常是"大类名 + 专名"的形式。

phjak⁷kha:u¹ 白菜　　　phjak⁷tɕiu¹ 青菜　　　phjak⁷ma¹ 豌豆
man²deŋ¹ 红薯　　　　man²dak⁷ 山药　　　　mai⁴ti² 竹子
pja¹lot⁷ 泥鳅　　　　　pja¹ŋu² 黄鳝　　　　　ma¹nai 狼
fan²va:i² 臼齿　　　　 ba:n³maɯ⁵ 新村　　　 ŋu²nam⁴ 水蛇
θə³ba:ŋ¹ 单衣　　　　 θə³na¹ 厚衣服　　　　na²nam⁴ 水田
na²leŋ⁴ 旱田　　　　　khau³no¹ 糯米　　　　khau³θa:n¹ 大米

前面的大类名都能够自由的运用，作为词根在构词上不能同形替换，也不能插词扩展，后面的小类名一般也不能自由运用。

（2）主谓式复合词，一般是谓词性的

ho²dat⁹ 生气　　　　　　　　　　tshu¹li² 做事拖拉
脖子 热　　　　　　　　　　　　耳朵 长

---

① 韦庆稳.壮语语法研究［M］.南宁：广西民族出版社，1985：7.

tsaɯ¹li² 能忍耐、不急躁 　　　　tsaɯ¹θɯ⁶ 善良、诚实
心　长 　　　　　　　　　　　　心　直

tha¹dam¹ 妒忌 　　　　　　　　　toŋ⁴noi⁴ 小气
眼睛　黑 　　　　　　　　　　　肚子　小

na³θa:i⁴ 害羞 　　　　　　　　　na³na¹ 不害羞
脸皮　左 　　　　　　　　　　　脸皮　厚

na³tha¹ 面子 　　　　　　　　　 pak⁹naɯ³ 好问、留不住话
脸　眼睛 　　　　　　　　　　　嘴巴　轻

pak⁹dai³ 伶牙俐齿 　　　　　　　pak⁹tan³ 不善言辞
嘴巴　得 　　　　　　　　　　　嘴巴　短

toŋ⁴la:i⁴ 坏心肠 　　　　　　　　moŋ²naɯ³ 乱动手
肚子　坏 　　　　　　　　　　　手　轻

这类主谓式复合词，一般能在后面加程度补语 tsaɯ³（很、非常），但除极个别的词外，例如 na³tha¹ "面子"一般就不能加。

（3）动宾式复合词

一般是谓词性复合词。

mi²na³ 光彩 　　　　　　　　　 mi²da:ŋ¹ 怀孕
有　脸 　　　　　　　　　　　　有　身体

ðu⁴na³ 认识 　　　　　　　　　 ju⁵daɯ¹dən¹ 坐月子、生小孩
知道　脸 　　　　　　　　　　　在　里　月

ban²laɯ² 怎样 　　　　　　　　 ban²ni² 这样
成　怎样 　　　　　　　　　　　成　这样

khau³tshu¹ 听话、介意 　　　　　ʔok⁹ðeŋ² 努力
入　耳朵 　　　　　　　　　　　出　力气

ban²kon² 活着、成器 　　　　　　hok⁷ja:i¹ 撒谎、弄虚作假
成　人 　　　　　　　　　　　　做　骗

（4）补充式复合词

一般是谓词性复合词。

the¹ni¹ 逃亡 　　　　　　　　　 ði²ðɯ³ 长长的

tam⁵te⁵ 矮矮的　　　　　　　kho¹ɳum¹ 微微地笑
the¹ðam⁶ðam⁶ 呼呼地跑　　　dam¹dɯk⁹ 漆黑
tha:i¹la³（动物）死于瘟疫　　kha:u¹ʔon⁵ 嫩白
ðam⁶put¹⁰ 阴沉沉的　　　　ðoŋ⁴hok⁷ 叫做

（5）联合式复合词

min⁴tsɯ⁶ 名字　　　　　　　khon³loŋ² 来往、交往
　姓名　姓名　　　　　　　　上　下
sa:i²tsaɯ¹ 品性、心肠　　　　naɯ¹ham⁶ 平日
　腮　心　　　　　　　　　　早　晚
tshai³kham¹ 痛苦、辛苦　　　la:i¹noi⁴ 多少、几何
　痛　苦　　　　　　　　　　多　少

二、借词

受语言接触的影响，麻栗坡壮语词汇系统中，除本族固有词外，还吸收了一大批汉语（特别是西南官话）词汇。是壮汉两族人民长期交往和语言相互影响的生动记录，汉语借词借入的时间有早有晚，根据借入年代的早晚可以分为老借词和新借词两类。其构词方法有全音译、半音半译、音译加意译词头三大类。文山壮族苗族自治州有苗族、瑶族和彝族等少数民族，但壮语在文山州是强势语言，所以文山壮语中的苗语、瑶语和彝语借词基本没有。

（一）全音译

全音译是指借用汉语（西南官话），将汉语语音、语义、词素一起借入麻栗坡壮语中。借词的主要特点是现代社会发展中涌现出来的新概念、新事物以及政治文化词，包括行政地名、机构、专有名称、衣食住行、农业生产、现代科技和文化用品等名称基本上是整体借用汉语。在语音上受当地汉语方言的影响，一些 -ŋ 尾的词会演化为 -n 尾。

1. 新事物、新概念以及政治文化名词。如：

tsan⁵tsɯ⁵ 政治　　　　　　　koŋ⁵tshan⁴taŋ⁴ 共产党
koŋ⁵tɕhin²thon⁶ 共青团　　　ten⁵na:u⁴ 电脑

koŋ²jin²ka:i²tɕi⁶ 工人阶级　　　　ɕə⁵xui²tsu⁴ji⁵ 社会主义

tɕin²tɕi⁵ 经济　　　　　　　　ten⁵ɕɯ⁵ 电视

mo⁴tho⁶tshə² 摩托车　　　　　pin²ɕia:ŋ² 冰箱

ten⁵tɕhi⁶lu⁶ 电磁炉　　　　　vai²ɕi²ti² VCD　VCD 机

2. 农业生产、生产生活用具、材料等。如：

tha:n⁵ŋa:n² 碳铵　　　　　　pu⁴ka:i⁵ 普钙

tɕhi⁶ 油漆　　　　　　　　　pha:n⁶ 盘子

3. 数量、日期、标准衡量单位等。如：

mu⁴ 亩　　　　　　　　　　san² 升

təu⁴ 斗　　　　　　　　　　mi⁴ 米

lin⁶ 零　　　　　　　　　　ji⁵ 亿

θin²tɕi² 星期

4. 动植物、建筑材料、矿产资源等。如：

θa:n²tɕhi⁶ 三七　　　　　　　ɕui⁴ni⁶ 水泥

koŋ²fan²ɕi⁶ 公分石　　　　　mei⁶ 煤

ɕi² 锡　　　　　　　　　　　tɕhu⁶tson² 瓷砖

5. 蔬菜、水果、调味品、食品等。如：

tau⁶fu⁶ 豆腐　　　　　　　　mian⁵theu⁶ 面条

khu⁴kwa² 苦瓜　　　　　　　phin⁶ko⁴ 苹果

hua²tɕeu² 花椒　　　　　　　tɕiaŋ⁴jau⁶ 酱油

ja:ŋ⁶ji⁵ 洋芋　　　　　　　　niu⁶na:i⁴ 牛奶

tsha:u⁴ko⁴ 草果　　　　　　　pa⁶ko⁶ 八角

6. 地名、行政机构等。如：

khun²min⁶ 昆明　　　　　　　van⁶θa:n² 文山

tɕin⁵fu⁴ 政府　　　　　　　　min⁶tɕin⁵tɕiu⁶ 民政局

koŋ²ɕə⁵ 公社　　　　　　　　ta⁵tui⁵ 大队

tshun²vai⁴hui⁵ 村委会　　　　pha:i⁵tshu⁶so⁴ 派出所

7. 部分现代社会的职业、身份等。如：

ɕen⁵tsa:ŋ⁴ 县长　　　　　　　ɕu²tɕi⁵ 书记

taːŋ⁴jen⁶ 党员　　　　　　　thon⁶jen⁶ 团员
koŋ²jin² 工人　　　　　　　tsu⁴ɕi⁶ 主席

（二）半音半译

半音半译是指麻栗坡壮语词素和汉语词素组合而成的词。麻栗坡壮语在吸收汉语借词时，输入部分语音、语义、词素，即一部分是麻栗坡壮语语音、语义或词素，另一部分是汉语语音、语义或词素，然后共同构成新词汇。

拜年—paːi⁵tɕeŋ¹　　　　　查看—tsa⁶jɯ³
笔尖—pak⁹pi⁶　　　　　　金鱼—pja¹tɕim¹
理睬—li⁴laːŋ¹　　　　　　车轮—pha¹lon²tshə²

一般来说，动词按汉语词序翻译，"修饰式"名词则需改成壮语的词序（中心词+修饰成分）。

鸟枪—tshoŋ⁵nok⁸　　　　　书夹—kap¹⁰θɯ¹

在半音半译中，双音节动词的前半部分以音译为主，后半部分以意译为主，即"汉语借词+本语词"的结构。双音节名词则视壮语词的结构关系而定，如果是"修饰式"，一般遵循壮语的"中心词+修饰成分"[①]。目前，壮汉接触进一步深化，许多农村的壮族青少年语言基本以"汉语借词+本语词"的结构成分居多。

（三）音译加意译词头

先将整个汉语词音译过来，然后在前面加上一个壮语的大类名或词头的方式。这些音译词加上壮语大类名词或词头之后，起到说明类属、便于理解的作用。

橘子—mak⁹tɕi⁶tɕi⁴　　　　芒果—mak⁹maŋ⁶ko⁴
菠菜—phjak⁷po²tshaːi⁵　　毕业证—baɯ¹pi⁶ne⁶tɕin⁵
鲤鱼—pja¹li⁴ji⁶　　　　　　孔雀—nok⁸koŋ⁴tsho⁶

（四）老借词

老借词保留了中古汉语语音的某些特点或者是语音演化的遗迹，保留

[①] 韦景云，覃晓航. 壮语通论[M]. 北京：中央民族大学出版社，2006：166.

了 -m、-p、-t、-k 韵尾和四声八调的特点。例如：

三—θa:m¹ 命—min⁶
百—pak⁹ 腊—ðap¹⁰

老借词的语音，在声母、韵母、声调方面的相互搭配，都与本民族固有词的语音系统相适应，在各地的变化也基本符合本族语的演化规律。

第五节　词法

一、名词

（一）名词的组成

名词表示人或事物的名称，包括具体、抽象的事物，也包括表示时间、方位、处所、亲属称谓、新文化概念、专有名称等。

1.事物

名词中，表示具体事物名称的词比较丰富。如：

ðən² 房子　　　　　　　thin¹ 石头
ba:n³ 村寨　　　　　　　mu¹ 猪
fa⁴ 天　　　　　　　　　kon² 人
taŋ⁵ 凳子　　　　　　　ʔoi³ 甘蔗
phan¹ 雨　　　　　　　　ŋa³ 草
ma¹ 狗　　　　　　　　　θɯ³ 衣服
va:i² 牛　　　　　　　　fai² 火

表示抽象事物名称的词较少。如：

mi²tsau¹ 良心　　　　　hon²ʔok⁹ 生日
phi¹ 鬼　　　　　　　　tshai³ 痛苦
heŋ¹ 声音　　　　　　　kha:u⁵ 话

2. 时间

时间名词表示时间概念，包括年月、生辰、日期、时刻等。如：

hon²ŋa² 昨天　　　　　　　ham⁶ŋa² 昨晚

mu⁴mi⁴ 黎明　　　　　　　tsa:ŋ²nau¹ 早上

ðu²ða:i² 黄昏　　　　　　　da:u³nai⁶ 近来

pai¹na³ 将来　　　　　　　hon²kon⁵ 前天

hon²pik¹⁰ 明天　　　　　　hon²ðɯ² 后天

don¹ 月　　　　　　　　　pi¹ 年

表示生辰的名词，如：

tsau³ 子（鼠）　　　　　　pau³ 丑（牛）

mau³ 寅（虎）　　　　　　ŋi² 卯（兔）

θi¹ 辰（龙）　　　　　　　θau³ 巳（蛇）

ha³ 午（马）　　　　　　　mat⁷ 未（羊）

san¹ 申（猴）　　　　　　 lau⁴ 酉（鸡）

phat⁷ 戌（狗）　　　　　　kau⁴ 亥（猪）

表示日期的名词。借用汉语。

3. 方位处所

表示方位处所的名词，如：

tha:ŋ¹hon²ʔok⁹ 东方　　　　tha:ŋ¹hon²tok⁷ 西方

toŋ⁵na³lam⁴laŋ¹ 前后　　　　ʔi⁴nai⁶　ʔi⁴nɯ³ 这边那边

toŋ⁵na³ 面前　　　　　　　nɯ¹ 上方

tau³ 下面　　　　　　　　　dau³lon² 家里

na³ðən²laŋ¹ðən² 房前屋后　　tshan⁶dau³ 里层

tshan⁶nok¹⁰ 外层

4. 亲属称谓

麻栗坡壮语的亲属称谓，少部分区分男女性别，例如：父亲、母亲、丈夫、妻子等，大部分不区分男女性别，构词方式是：大类词＋性别词，主要使用本民族语，少数借用汉语。如：

ta⁶tsa:i² 祖父　　　　　　　ta⁶ɲiŋ² 祖母

po⁶父亲　　　　　　　　　　me⁶母亲

luŋ²伯父　　　　　　　　　je²叔叔

pi⁶tsa:i²哥哥　　　　　　　pi⁶ɲiŋ²姐姐

noŋ⁴tsa:i²弟弟　　　　　　noŋ⁴ɲiŋ²妹妹

pho¹丈夫　　　　　　　　me²妻子

luk¹⁰tsa:i²儿子　　　　　　luk¹⁰ɲiŋ²女儿

me⁶lo²儿媳妇　　　　　　khəi¹女婿

lan¹tsa:i²孙子　　　　　　　lan¹ɲiŋ²孙女

len³tsa:i²重孙子　　　　　　len³ɲiŋ²重孙女

5. 新概念、新事物

表示新概念、新事物的词大多借用汉语。如：

ɕau⁴tɕi²手机　　　　　　　tho²la²tɕi²拖拉机

mo⁴tho⁶tshə²摩托车　　　　pin²ɕeŋ²冰箱

ten⁵lu⁶电炉　　　　　　　pen⁵ja⁶tɕhi⁵变压器

ten⁵ɕɯ⁵tɕe⁶ko²电视接收器　vai²ɕi²ti² VCD 机

koŋ²ɕɯ²公司

6. 地名

地理位置靠近村寨，比较熟悉的周边地名，使用本民族语的音，如：

va:i²khau¹歪拷　　　　　　pak⁹jo⁶坝脚

khau¹maŋ⁶扣忙　　　　　　na²mon²哪门

地理位置上距村寨较远，又不熟悉的地名用汉语借词。如：

van⁶θa:n²文山　　　　　　khun²min⁶昆明

ɕi²tshau⁶西畴　　　　　　pə⁶tɕin²北京

（二）名词的数量结构

名词本身没有表示数的形态变化。给名词计数，一般在名词后面加数量短语，语序为"名词+数词+量词"。如：

dok⁹va¹θoŋ¹dok⁹两朵花　　　na:m⁶θoŋ¹moŋ³两堆土

　花　　两　朵　　　　　　　土　两　堆

ta⁶θa:m²thiu¹ 三条河　　　va:i²θoŋ²to¹ 两头牛
河　三条　　　　　　　　牛　两头
hun²θoŋ¹moŋ³ 一堆柴　　　tɕɯk¹⁰θoŋ¹lam³ 两条绳子
柴　两　堆　　　　　　　绳子　两　条
mai⁴θoŋ²ko¹ 两棵树　　　 nok⁸θoŋ²to¹ 两只鸟
树　两棵　　　　　　　　鸟　两只

二、代词

代词是代替名词、动词、形容词、副词和数量短语等的词。按意义和功能，麻栗坡壮语的代词可以分为人称代词、不定代词、物主代词、指示代词和疑问代词。

（一）人称代词

麻栗坡壮语的人称代词有单数、复数之分，没有主格、宾格、领格之分。详见下表。

单复数＼人称	第一人称	第二人称	第三人称
单数	ku⁴、lau²、khoi³ 我	mau² 你	ti⁴ 他，她
复数	ho⁴lau² 我俩	ho⁴mau² 你俩	ho⁴ti⁴ 他/她俩

上述表格中的各种人称代词，在麻栗坡壮语中男女都可以通用，不分性别，不同于汉语中的第三人称，男性用"他，他们"，女性用"她，他们"。也不同于泰语中的第一人称单数的"我"，男性用"phom¹"，女性用"di⁵tshan¹"。

ku⁴pai¹ðən²noŋ⁴tɕin¹khau³ 我去弟弟家吃饭
我　去　家　弟弟　吃　饭
khoi³pai¹mi²pan² 我去不了
我（谦称）去　不　成

151

lau²ko³bu⁵ðu⁴de⁵pan²lau²ja⁵ 我也不知道怎么样了
我　也　不　知道　成　什么　了

ho⁴lau²dai³pai¹ba:n³da:i¹tɕin¹khau³ 我俩要去别的村寨吃饭
我们　得　去　村寨　其他　吃　饭

pi¹ni²mɯ²pai¹ti⁶lau²hok⁷kaŋ⁴ 你今年从哪里回来
今年　你　去　地点　哪里　来

ho⁴mɯ²ta:u⁶ma²na:u²tsau⁴tɕin¹khau³pau² 你们早点回来吃晚饭
你们　　回来　些　早　吃　饭　晚

ti⁴pai¹ðən²da:i¹tɕin¹khau³ja⁵ 他已经去别家吃饭了
他　去　家　其他　吃　饭　了

ho⁴ti⁴va:n²khoi³pai¹ðən²ho⁴ti⁴hok⁷tɕhek⁹ 他们邀请我到他们家做客
他们　邀请　我　去　家　他们　做　客人

（二）疑问代词

1. 分类

麻栗坡壮语中的疑问代词比较丰富，特殊疑问代词涉及人或物，也有表示处所、数量、时间、方式或程度等的疑问代词，具体如下。

（1）人或物	kaɯ²	谁
	ti³laŋ¹	什么
	ʔan¹lau²	哪个
	jəŋ⁶lau²	哪样
	ka:i⁵lau²	哪种
（2）处所	ti⁶lau²	哪里
（3）数量	kaɯ⁵kon²	几个（人）
	kaɯ⁵lau⁵	多少（指物）
	kaɯ⁵pai²	多少次
（4）时间	mɯ⁶lau²	几时、什么时候

（5）方式或程度	pan²lɯ²	为什么
	pan²lɯ²	怎么
	pan²juŋ⁶lɯ²	怎么样

2.特殊疑问代词

kaɯ²ʔa⁵？是谁呀？
谁

tsaɯ⁶ti³laŋ¹ʔa⁵？是什么呀？
是　什么 啊

noŋ⁴maɯ²tsaɯ⁶kon²lɯ²？你妹妹是哪个？
妹妹 你　是　人　哪个

ja¹ka:i⁵ti⁴tsaɯ⁶ho⁶lɯ²？他的药是哪盒？
药 的 他 是　盒 哪

to¹va:i²nɯ³tsaɯ⁶to¹ðən²kaɯ²？那头牛是哪家的？
头 牛 那　是　头 家 哪

3.处所疑问代词

ti⁶ju⁵maɯ²ju⁵ʔi⁴lɯ²？你住在哪里？
住　你　在　哪里

po⁶ti⁴pai¹lu²lɯ²ja⁵？他爸爸去了哪里？
爸爸 他 去 哪里 语助

4.数量疑问代词

ðən²maɯ²mi²kaɯ⁵kon²？你们家有几口人？
家 你　有 几 人

ti⁴nɯ⁶ʔau¹kaɯ⁵lɯ⁵tsɯ⁵ʔau¹kaɯ⁵lɯ⁵ 他想拿多少，就拿多少。
他 想 拿　多少　就 拿　多少

maɯ²pai¹kwa⁵kun²min⁶kaɯ⁵pai²？你去过昆明几次？
你　去 过 昆明　几　次

5.时间疑问代词

ti⁴mɯ⁶lɯ²ma²thaŋ¹？他什么时候来到（还没有来）？

153

他 什么时候 来 到

po⁶maɯ²pai¹mɯ⁶laɯ²？你的爸爸什么时候去（已经去）？

爸爸 你 去 什么时候

ðən²maɯ²mɯ⁶laɯ²fat⁷khau³？你家什么时候收稻谷（还没有收）？

家 你 什么时候 打 稻谷

6.方式或程度疑问代词

ti⁴hok⁷laɯ²bo⁵ɲin²？他为什么不听？

他 为什么 不 听

ho⁴ti⁴hok⁷laɯ²hok⁷kaŋ⁴ʔa⁵？他们怎么干活计呢？

他们 怎么 干活 呢（语助）

maɯ²ban²laɯ²ʔa⁵？你怎么样了？

你 怎么样 了（语助）

三、数词

数词是表示抽象数量和事物顺序的词。数词分为基数、序数、分数、倍数和概数等五类。下面分述如下。

（一）基数词

麻栗坡壮语使用十进制计数，基数词分为单纯数词和合成数词。

1.一至十的数词

麻栗坡壮语"一至十"的基数是：deu¹一，θuŋ¹二，θa:m¹三，θi⁵四，ha³五，tshok⁷六，tɕet⁷七，pet⁹八，kau³九，θip⁷十，lin²零（借汉），pak⁹百，theŋ¹千，fa:n⁶万。

2.十以上的数词

（1）十以上百以下的整数，用本民族单纯基数词一至九与位数 θip⁷十、pak⁹百等位数词直接连用，但"二"用作二十的时候是 ŋi⁶。如：

ŋi⁶θip⁷二十　　　　θi⁵θip⁷四十　　　　pak⁹lu⁴一百
二 十　　　　　　　四 十　　　　　　　百（语助）
tɕet⁷pak⁹七百　　　θa:m²theŋ¹三千　　　pet⁹theŋ¹八千

七 百　　　　　　三 千　　　　　　八 千

（2）非整数时，用位数词 θip⁷ "十"与基数词构成合成数词。如：

θip⁷ʔat⁷ 一十一　　　　　　ha³θip⁷θa:m¹ 五十三
十 一　　　　　　　　　　　五 十 三

ŋi⁶θip⁷ŋi⁶ 二十二　　　　　　θam¹θip⁷θi⁵ 三十四
二 十 二　　　　　　　　　　三 十 四

θi⁵θip⁷tshok⁷ 四十六　　　　　tshok⁷θip⁷θi⁵ 六十四
四 十 六　　　　　　　　　　六 十 四

tɕet⁷θip⁷tɕet⁷ 七十七
七 十 七

3. 一百及其以上的基数

（1）百位以上的非整数词，不到十位数的数字，直接连起来说。十位以上的整数，省略"十"，后面再接不到十位数的数字则把"十"补出来。如：

pak⁹lin²θa:m¹ 一百零三　　　　tshok⁷theŋ¹lin²pet⁹ 六千零八
百 零 三　　　　　　　　　　六 千 零 八

θuŋ¹pak⁹lin²θa:m¹ 二百零三　　 tshok⁷pak⁹lin²ha³ 六百零五
二 百 零 三　　　　　　　　　六 百 零 五

θi⁵pak⁹pet⁹ 四百八十　　　　　kau³pak⁹ŋi⁶ 九百二十
四 百 八　　　　　　　　　　九 百 二

tshok⁷pak⁹θa:m¹ 六百三十　　　ha³pak⁹kau³ 五百九十
六 百 三　　　　　　　　　　五 百 九

tɕet⁷pak⁹θi⁵θip⁷ʔat⁷ 七百四十一　kau³pak⁹ha³θip⁷θi⁵ 九百五十四
七 百 四 十 一　　　　　　　九 百 五 十 四

（2）theŋ¹ 千、fa:n⁶ 万以上的用词和百以上的用法一样。如：

θi⁵theŋ¹θuŋ¹pak⁹ŋi⁶θip⁷ŋi⁶ 四千二百二十二
四 千 二 百 二 十 二

ha³fa:n⁶θuŋ²theŋ¹lin²kau³ 五万两千零九
五 万 两 千 零 九

tshok⁷theŋ¹pet⁹ 六千八百

六　千　八

kau³fa:n⁶ŋi⁶ 九万二千

九　万　二

pet⁹fa:n⁶lin²θa:m¹pak⁹ 八万零三百

八　万　零　三　百

涉及"百万、千万、亿"等较大数目的数词，直接用汉语。

相邻的两个基数词可重叠使用，一和二不能重叠使用，保留着壮侗语言的对称结构。如：

θoŋ²θa:m²to²① 两三个（动物）　　　tɕet⁷pet⁹jɯŋ¹ 七八样（东西）

两　三　个　　　　　　　　　　　　七　八　样

pet⁹kau³kon² 八九个（人）

八　九　个

4. 基数词在不同场合的使用

（1）基数词用于电话号码、车牌、身份证号码等时，全部借用汉语数词。

（2）计量、计价、计年、计时。

基数词表示计量、计价使用 ʔan¹ 块、元，ha:u⁶ 角，fan² 分；kan¹ 斤，tsaŋ² 两，tɕen⁶ 钱，lai² 零头、零钱等。如：

θuŋ²ʔan¹ 两元　　　　　　　　　ha³θip⁷ʔan¹ 五十元

pak⁹ʔan¹ 一百元　　　　　　　　θoŋ¹pak⁹ʔan¹ 二百元

θa:m¹ha:u⁶ 三角　　　　　　　　pet⁹ha:u⁶ 八角

ha³theŋ¹lin²tshok⁷ʔan¹ 五千零六元

五　千　零　六　元

kan¹θam²ʔan¹ 一斤三元②　　　　tsa:ŋ²ha³ha:u⁶ 五角一两

斤　三　元　　　　　　　　　　　两　五　角

计具体年份时，用汉语。如：

ji⁶tɕiu⁴tɕiu⁴ʔu⁴ 1995年

---

① 一般有两个1调的词连在一起，第一个词要变读为2调，有连续三个1调的词，前两个读为2调。

② 在表示"一斤多少元"时，通常省略"一"，并且不用补结构助词。

（二）序数词

序数词表示次序的先后，常见排列次序、长幼排行、时间序列等。

1. 排列次序

（1）基数词前面加 ta:i⁶ "第"表示序数（第一、第二只能用 ʔat⁷、ŋi⁶ 表示）。基数词前面加 tsho⁶ "初"表示农历每月上旬日序，中、下旬则直接用基数词表示。时间名词的排行是"时间名词 + ta:i⁶ + 基数词"，但是"第一天"则是"时间名词 +du⁵"的表达方式，第十天之后则表达为"基数词 + 时间名词"。

ta:i⁶ʔat⁷ 第一　　　　　ta:i⁶ŋi⁶ 第二　　　　　ta:i⁶sip⁷θa:m¹ 第十三
第　一　　　　　　　　第　二　　　　　　　　第　十　三

tsho⁶ʔat⁷ 初一　　　　　tsho⁶pat⁹ 初八　　　　　don¹θa:m¹θip⁷ha³ 三月十五
初　一　　　　　　　　初　八　　　　　　　　月　三　十　五

hon²du⁵ 第一天　　　　hon²ta:i⁶ŋi⁶ 第二天　　　hon²ta:i⁶sip⁷ 第十天
天　开始　　　　　　天　第　二　　　　　　天　第　十

2. 长幼排序

（1）子女的长幼排序是次序词置于称谓名词后。tɯ⁴ 排行一、大，之后是用序数词，la³ 排行最小、幺。如：

maŋ¹tɯ⁴ 大儿子　　　　　　di⁵tɯ⁴ 大姑娘
儿子 大　　　　　　　　　姑娘 大

maŋ¹ta:i⁶ŋi⁶ 二儿子　　　　di⁵ta:i⁶ŋi⁶ 二姑娘
儿子 第 二　　　　　　　　姑娘 第 二

maŋ¹la³ 幺儿子　　　　　　di⁵la³ 幺姑娘
儿子 最末　　　　　　　　姑娘 最末

3. 时间顺序

（1）周序，全部借用汉语。如：

ɕin²tɕhi²ʔi⁶ 星期一　　　　ɕin²tɕhi²ʔə⁵ 星期二
星　期　一　　　　　　　星　期　二

ɕin²tɕhi²θa:n² 星期三　　　ɕin²tɕhi²θɯ⁵ 星期四
星　期　三　　　　　　　星　期　四

ɕin²tɕhi²vu⁴ 星期五　　　　　　ɕin²tɕhi²lu⁶ 星期六
星　期　五　　　　　　　　　星　期　六

ɕin²tɕhi²then² 星期天①
星　期　天

（2）月序，麻栗坡壮语固有词，用"don¹+基数词"表示，但五月、六月、九月、十一月和十二月例外。如：

dən¹tɕeŋ¹ 一月　　　dən¹ŋi⁶ 二月　　　dən¹θa:m¹ 三月
月　一　　　　　　月　二　　　　　　月　三

dən¹θi⁵ 四月　　　　dən¹ŋo⁴ 五月　　　dən¹lok⁷ 六月
月　四　　　　　　月　五　　　　　　月　六

dən¹tɕet⁷ 七月　　　dən¹pat⁹ 八月　　　dən¹ku⁵ 九月
月　七　　　　　　月　八　　　　　　月　九

dən¹θip⁷ 十月　　　dən¹ʔit⁷ 十一月　　dən¹ðap¹⁰ 十二月
月　十　　　　　　月　十一　　　　　月　腊

（三）概数词

1. 相邻数字的组合

相邻数字的组合形成词组表示不确定数。组合时一般小数在前，大数在后；不相邻的基数词不组合；一般一与二不组合，九与十不组合；二与三组合时，表达个位和百位以上的不确定数用 θuŋ¹，表达十位数用 ŋi⁶。如：

θi⁵ha³θip⁷（kon²）四五十（人）
四　五　十　　人

tɕet⁷pat⁹θip⁷（kon²）七八十（人）
七　八　十　　人

θuŋ¹θa:m¹pak⁹（to¹）两三百（动物）
二　三　百　　只

ha³tshok⁷theŋ¹（to¹）五六千（动物）
五　六　千　　只

---

① 因为星期天多为当地赶集的时间，也称为 hon²hɯ¹ "街天"，使用较多。

ŋi⁶θa:m¹θip⁷（to¹）二三十（动物）
二　三　十　只

2. 词组

数量词组表示概数。如：

kon²θuŋ¹θa:m¹kon²两三个人　　　nok⁸θi⁵ha³to¹四五只鸟
人　两　三　个　　　　　　　　鸟　四　五　只

θuŋ¹θa:m¹pai²两三回　　　　　　tɕet⁷pat⁹hon²七八天
两　三　次　　　　　　　　　　七　八　天

dok⁹va¹θuŋ¹θa:m¹dok⁹两三朵花　　ðon²ha³tshok⁷ʔan¹五六间房子
花　两　三　朵　　　　　　　　房　五　六　间

四、量词

量词是表示人、事物或动作的单位和量。麻栗坡壮语的量词较丰富，部分与名词同源。量词可分为名量词（又称物量词）和动量词。

（一）名量词

名量词用于表示人或物的单位。按照量词所指称的人和事物的量的差异，可分为个体量词、集体量词、度量词、不定量词、准量词和借用量词等。名量词中，有的来自名词，有的来自动词，可与数词构成数量词组修饰名词。

1. 个体量词

个体量词是用于指称单一个体计量单位的词。这类词数量较多。

（1）kon²（个、位），用于"人"的名词。

phu³tɕe⁵kon²lu⁴一位老人　　　　luk¹⁰ʔeŋ¹θuŋ¹kon²两个孩子
人　老　位　语助　　　　　　　孩子　小　两　个

（2）to¹（头、匹、只、条等），用于一切动物名词。如：

va:i²θuŋ²to¹两头水牛　　　　　　ma⁴θa:m²to¹三匹马
水牛　两　头　　　　　　　　　马　三　匹

tsai⁵θi⁵to¹四只鸡　　　　　　　pja¹ha³to¹五条鱼
鸡　四　只　　　　　　　　　　鱼　五　条

（3）ton⁶（段、节），用于"木头"等长形物体名词。如：

mai⁴ti²θuŋ¹ton⁶ 两节竹子　　　　phaŋ¹θa:m¹ton⁶ 三截布
竹子　两　节　　　　　　　　布　三　截

（4）kɯ⁴（块），用于"木板"等物体名词。如：

the³θuŋ¹kɯ⁴ 两块木板　　　　　tshon¹ton¹θa:m¹kɯ⁴ 三块碎砖头
木板 两 块　　　　　　　　　　砖头 截 三　块

（5）θan³（根、条、颗），用于"线""头发""甘蔗""牙齿"等长条物体名词。如：

mai¹θuŋ¹θan³ 两根线　　　　　　khon⁵tho¹θa:m¹θan³ 三根头发
线　两　根　　　　　　　　　　毛发 头 三　　根

ʔoi³θuŋ¹θan³ 两根甘蔗　　　　　fan²θa:m¹θan³ 三颗牙齿
甘蔗 两 根　　　　　　　　　　牙齿 三 颗

（6）koŋ²（件、条），用于"衣服""裤子"等名词。如：

θɯ⁵θuŋ¹koŋ² 两件衣服　　　　　khwa⁵θa:m¹koŋ² 三件裤子
衣服 两 件　　　　　　　　　　裤子 三　件

（7）baɯ¹（片、张），用于"树叶""纸张"等名词。如：

baɯ¹mai⁴θuŋ²baɯ¹ 两片树叶　　　θa¹θa:m²baɯ¹ 三张纸
片 树 两 片　　　　　　　　　　纸 三 张

（8）phun¹（张），用于"毛毯""席子"等的方形物体名词。如：

ma:u⁶tha:n⁴θuŋ²phun¹ 两张毛毯　　fuk¹⁰θa:m²phun¹ 两张席子
毛毯　　两 张　　　　　　　　　席子 两 张

（9）na³（床），用于"被子"等方形物体名词。如：

fa²θuŋ¹na³ 两床被子
被子 两 床

（10）lam³（根），用于"木棍""房梁"等长形物体名词。如：

mai⁴θuŋ¹lam³ 两根木棍　　　　　thɯŋ⁵θa:m¹lam³ 三根房梁
树 两 根　　　　　　　　　　　房梁 三　根

（11）ko¹（颗），用于"树木""蔬菜①"等的名词。如：

mai⁴thai⁵θuŋ²ko¹ 两棵麻栗树　　　　phjak⁷kha:u¹θuŋ²ko¹ 两颗白菜
麻栗树　两　棵　　　　　　　　　　菜　白　两　颗

（12）mak¹⁰（把），用于"刀"等工具名词。如：

pja⁴θuŋ¹mak¹⁰ 两把刀　　　　　　　tshɯ⁵θa:m¹mak¹⁰ 三把锯子
刀　两　把　　　　　　　　　　　　锯子　三　把

（13）dok⁹（朵），用于"花"等名词。如：

dok⁹va¹dok⁹lu⁴ 一朵花　　　　　　　dok⁹va¹θuŋ¹dok⁹ 两朵花
花　朵 语助　　　　　　　　　　　　花　两　朵

（14）tsha⁵（阵），用于"雨"等名词。如：

phan¹θuŋ¹tsha⁵ 两阵雨
雨　两　阵

（15）ʔan¹（个），是一个泛指量词，可以用于很多事物的量词。如：

mak⁹θuŋ²ʔan¹ 两个水果　　　　　　va:n⁵θa:m¹ʔan¹ 三个碗
水果　两　个　　　　　　　　　　　碗　三　个

（16）kha¹（支、条），用于"筷子""腿""袜子"等名词。如：

thu⁵kha¹tok¹⁰ 一支筷子　　　　　　kha¹mu¹θuŋ¹kha¹ 两条猪腿
筷子 支 单独　　　　　　　　　　　腿 猪 两 条

（17）ŋa⁶（枝条），用于"树枝"等的量词。如：

mai⁴θuŋ¹ŋa⁶ 两枝树条
树　两　枝条

2.集体量词

集体量词修饰的是表示"成双成对"或一组（人或事物）的名词。如：

（1）ku⁶（双、对），表示"一对""两只"的意思。

thu⁵θuŋ¹ku⁶ 两双筷子　　　　　　　mat¹⁰θa:m¹ku⁶ 三双袜子
筷子 两 双　　　　　　　　　　　　袜子 三 双

tshoi⁵θuŋ¹ku⁶ 两对箩筐　　　　　　toŋ³θa:m¹ku⁶ 三对桶

---

① 主要指成颗的青菜、白菜的量词。

箩筐 两 对   桶 三 对

若要表示"成对"里面的单数，则使用 kha^1（支、条）来表示。

（2）ho^4（伙、群），可用于"人"或"动物"等的量词。如：

phu^{3}ʔon^{5}ho^{4}lu^{4}一群年轻人   luk^{10}ʔeŋ^{1}θuŋ^{1}ho^{4}两群小孩子

人 年轻 群 语助   孩子 小 两 群

tsai^{5}θuŋ^{1}ho^{4}两群鸡   nok^{8}θa:m^{1}ho^{4}三群鸟

鸡 两 群   鸟 三 群

（3）moŋ^3（堆），可用于"沙子""石头""木材"等名词。如：

sa:i^{2}θuŋ^{1}moŋ^{3}两堆沙子   mai^{4}θa:m^{1}moŋ^{3}三堆木材

沙子 两 堆   木材 三 堆

（4）ðoi^4（串），如：

nɯ^{4}va:i^{2}ðoi^{4}lu^{4}一串牛肉   nɯ^{4}tsai^{5}θuŋ^{1}ðoi^{4}一串鸡肉

肉 牛 串 语助   肉 鸡 两 串

（5）pau^2（丛），指长得比较茂盛，聚在一起的一丛草木。如：

ŋa^{3}pau^{2}tok^{10}一丛草   mai^{4}ʔo^{3}θuŋ^{1}pau^{2}两丛芦苇

草 丛 单独   芦苇 两 丛

3.度量词

麻栗坡壮语有一套表示度量单位的量词。

（1）容量：tau^4（一斗、十升）、θɯŋ^2（升）。

（2）重量：tiu^1（十斤）、kan^1（一市斤）、tsa:ŋ^2（一市两）、poŋ^{6}tiu^1（五斤）poŋ^{6}kan^1（半斤）、poŋ^{6}tsa:ŋ^2（半两）。如：

ku^{4}ʔau^{1}mak^{9}ma^{2}haɯ^{3}maɯ^{2}θuŋ^{2}kan^{1}我给你拿了两斤水果

我 拿 水果 来 给 你 两 斤

tsaŋ^{6}poŋ^{6}tiu^{1}nɯ^{4}haɯ^{3}ku^{4}给我称五斤肉

称 半 十斤 肉 给 我

（3）长度：va^2（一庹：两手左右伸直的长度）、tɕhen^{1}sok^9（肘：约合一市尺）、jip^7（尺）、li^2（公里）。如：

lam^{3}mai^{4}nai^{6}mi^{2}θuŋ^{1}va^{2}li^{2}这根木头有两庹长

根 木头 这 有 两 一庹 长

tat⁷θuŋ¹jip⁷phaŋ¹maɯ²haɯ³ku⁴ 给我剪两尺布

剪 两 尺 布 来 给 我

4. 不定量词

（1）不定量词有 ʔi⁴（一点）和 noi⁴（少许），这两个词可以单独用，如：

haɯ³ku⁴ʔi⁴lu⁴ 给我一点　　　　　juŋ⁶nai⁶haɯ³noi⁴lu⁴ 这种给一些

给　我 一点 语助　　　　　　　种类 这 给 一些 语助

（2）也可以连着使用 ʔi⁴noi⁴（一些），可以指具体事物，也可以指抽象事物。如：

ku⁴naŋ²mi²ʔi⁴noi⁴tɕen²，pi¹maɯ⁵ʔau¹ma²taŋ³ðən² 我还有一些钱，明年拿来盖房子

我 还 有 一些 钱　年 新 拿 来 盖 房子

daɯ¹ðən²ʔau¹khau³θa:n¹ma²ʔi⁴noi⁴ 家里拿来了一些大米

里 家 拿 大米　来 一些

maɯ²pai¹hɯ¹ku⁴ha⁴ʔi⁴noi⁴ 你去帮我说一说

你　去 帮 我 说 一些

5. 准量词

准量词指那些既可以做名词，又可以受数词直接修饰的词①。麻栗坡壮语的准量词是一些表示时间的名词和地点名词。

（1）表示时间的 pi¹ 年、dən¹ 月、hon² 日、tsɯ² 时段②，都可以作为准量词。如：

θuŋ²pi¹ 两年　　　　　　　　　　θa:m²pi¹ 三年

θuŋ²dən¹ 两月—两个月　　　　　　θa:m²dən¹ 三月—三个月

θuŋ¹hon² 两天　　　　　　　　　　θa:m¹hon² 三天

θuŋ¹tsɯ² 两小时　　　　　　　　　θa:m¹tsɯ² 三小时

（2）表示地点的一些词，如 ðən² 房子、ðoŋ⁵ 村、ba:n³ 村寨、məŋ² 地区等可以直接受数词的修饰。如：

---

① 巫凌云，杨光远. 傣语语法［M］. 昆明：云南民族出版社，2016：215.

② 这个词现在使用得较少，多使用于十以下，十以上多数直接用汉语。

θuŋ²loŋ⁵ 两个村　　　　　　　θa:m¹ba:n³ 三个村寨
θi⁵mən² 四个地区　　　　　　θa:m¹ðən² 三家

loŋ⁵ "村"和 ba:n³ "村寨"都有"村"的意思，但是 loŋ⁵ 所指的范围要比 ba:n³ 小，可以翻译成村小组，有时候 loŋ⁵ 可以替代 ba:n³ 的功能，但 ba:n³ 不能替代 loŋ⁵ 的功能。

音译的地点名词，如国家、省、州、县、乡，在麻栗坡壮语中不可以用作准量词，不能被数词直接修饰，若要表达"五个省"则为"ha³ʔan¹θan⁴"数词+量词+名词的结构。

6. 借用量词

借用量词一般有两种方式，一种是借用名词，另一种是借用动词。

（1）借用名词作量词

① pa² 背箩

phjak⁷θuŋ¹pa² 两背箩菜

菜　两　背箩

② tai⁶ 袋子

khau³kak⁹θa:m¹tai⁶ 三袋谷子

谷子　三　袋

③ va:n⁵ 碗

khau³θa:m¹va:n⁵ 三碗饭

饭　三　碗

④ tsoŋ² 桌子

khau³phjak⁷θuŋ¹tsoŋ² 两桌饭菜

饭　菜　两　桌

⑤ ka:ŋ¹ 坛

phjak⁷θam³θuŋ²ka:ŋ¹ 两坛酸菜

菜　酸　两　坛

⑥ pon² 盆

nam⁴θuŋ¹pon² 两盆水

水　两　盆

⑦ tsa:n⁵ 杯子

lau³θa:m¹tsa:n⁵ 三杯酒

酒 三 杯

⑧ fi² 撮箕（竹编的，底浅口薄）

na:m⁶θuŋ¹fi² 两撮箕土

土 两 撮箕

（2）借用动词作量词

① thap⁹ 挑

nam⁴θuŋ¹thap⁹ 两挑水

水 两 挑

② tho⁵ 包、裹

ja¹θuŋ¹tho⁵ 两包药

药 两 包

（二）动量词

表示动作行为单位的词叫动量词，麻栗坡壮语的动量词以固有词为主，汉语借词较少。动量词分两类，一类是专用动量词，一类是借用动量词。

1. 专用动量词

专门表示次数的。

（1）pai²（次、回、番），泛指一般动作的次数，是麻栗坡壮语动量词中使用得最为广泛的一个词。如：

pai¹pai²ma²pai² 去一次，来一次

去 次 来 次

loŋ²pai¹ðən²ti⁴dai³θi⁵pai² 下去过他家四次了

下 去 家 他 得 四 次

（2）ta:u⁴（次），指动作重复的次数，可能借自西南官话。如：

bop⁹na²dai³θa:m¹ta:u⁴ja⁵ 耙田三次了

耙 田 得 三 次 了

（3）ka:u⁴（次、趟），指来回、往返的次数。如：

mauɯ²the¹dai³tɕi⁵ka:u⁴ja⁵ 你跑了几趟了

165

你　跑得几趟了
la⁴pai¹ðən²ti⁴ka:u⁴maɯ⁵ 下次不要去他家
不要　去　家　他　次　新

（4）ja:m⁵（步子），用来计量走、跑、迈等动作的数量。如：

tai⁵θuŋ¹ja:m⁵lo⁶tsɯ⁵ka:n⁴tsaɯ² 走两步路就累了
走　两　步子　路　就　累　非常

（5）bat⁹（次），一般指具体动作，时距较短。如：

tham³dai³θuŋ¹bat⁹naŋ²bo⁵tak⁷ 砍了两次还没断
砍　得　两　次　还　不断

（6）tɕip⁹（次），一般泛指位移动作的次数，强调完整性，使用范围广。如：

maɯ²pai¹ðən²ti⁴dai³tɕi⁵tɕip⁹ 你去过他家几次了
你　去　家　他　得　几　次

2. 借用动量词

拿行为凭借的工具作量词，如：

mok¹⁰θuŋ²kam¹ken¹ 打两拳　　　tut¹⁰θuŋ¹pen⁶kho¹ 踢两脚
打　两　拳头　　　　　　　踢　两　脚

jɯ³θuŋ²tha¹ 看两眼
看　两　眼睛

五、形容词

表示人或事物的形状、性质和状态等的词叫形容词。麻栗坡壮语形容词单音节形容词多，双音节形容词较少。

（一）形容词的分类

1. 表示人或事物的外形

θuŋ¹ 高	tam⁵ 低	pi² 胖	phom¹ 瘦
li² 长	tan³ 短	man² 圆	bep⁹ 扁
peŋ¹ 平坦	khak⁹ 陡	tɯ⁴ 大	ʔe⁴ 小

2. 表示人或事物的性质

dat⁹ 热	koŋ³ 冷	dai¹ 好	dok⁹ 坏
sam³ 酸	va:n¹ 甜	kham¹ 苦	phet⁹ 辣
deŋ¹ 红	dam¹ 黑	kha:u¹ 白	tau⁶ 灰

3. 表示人或事物的状态

| khai⁵ 快 | pun⁵ 慢 | tsa:n⁴ 懒惰 | tshak⁷ 勤劳 |
| kai⁶ 远 | tsaɯ³ 近 | ka:n⁴ 累 | nuk⁹ 聋 |

4. 表示事物的数量

la:i¹ 多　　　　noi⁴ 少　　　　mak¹⁰ 繁多

（二）形容词重叠

形容词是可以重叠的，麻栗坡壮语常见的形容词重叠形式有 AA 式、ABB 式、AABB 式和 ABAC 式。

1. AA 式重叠

这种形式是由单音节形容词扩展成叠音的，表示强调的含义。

θuŋ¹θuŋ¹ 高高的　　　　　　tam⁵tam⁵ 矮矮的
kai⁶kai⁶ 远远的　　　　　　tsaɯ³tsaɯ³ 近近的
deŋ¹deŋ¹ 红红的　　　　　　dam¹dam¹ 黑黑的

2. ABB 式重叠

koŋ³tɕep⁷tɕep⁷ 冷冰冰的　　　ʔon⁵non⁶non⁶ 软绵绵的
ʔun⁵lum⁶lum⁶ 暖洋洋的　　　ŋap⁹tɕep¹⁰tɕep¹⁰ 硬邦邦的

3. AABB 式重叠

这种形式多是从 AB 式扩展而来的。

θuŋ¹θuŋ¹tam⁵tam⁵ 高高矮矮　　li²li²tan³tan³ 长长短短
dai¹dai¹dok⁹dok⁹ 好好坏坏　　la:i¹la:i¹noi⁴noi⁴ 多多少少
tɯ⁴tɯ⁴ʔe⁴ʔe⁴ 大大小小　　　deŋ¹deŋ¹ðok⁷ðok⁷ 红红绿绿

4. ABAC 式重叠

bu⁵θuŋ¹bu⁵tam⁵ 不高不矮　　bu⁵li²bu⁵tan³ 不长不短
mɯ⁶dai¹mɯ⁶dok⁹ 时好时坏　　bu⁵la:i¹bu⁵noi⁴ 不多不少

mɯ⁶tɯ⁴mɯ⁶ʔe⁴ 时大时小　　　　　　bu⁵deŋ¹bu⁵ðok⁷ 不红不绿

六、动词

动词是表示行为动作的一类词。包括及物动词、不及物动词，判断动词，趋向动词，能愿动词等。在句法结构中主要作谓语。

（一）不及物动词和及物动词

1. 不及物动词

不能带受事宾语的动词叫作不及物动词。如：

（1）表示运动方向

pai¹ 去　　　　ma² 来　　　　ta:u⁶ 回　　　　khun³ 上
loŋ³ 下　　　　khau³ 进　　　ʔok⁹ 出　　　　thaŋ¹ 到

（2）表示出现的

θun¹ 生　　　　loŋ³ 动物生

（3）表示存在的

ʔin¹ 站　　　　jaŋ¹jo⁵ 蹲　　　naŋ⁶ 坐　　　　non² 睡

（4）表示消失的

tha:i¹ 死　　　la:m⁵ 消失　　　ni⁶ 逃

（5）表示某种不及物动作的

pin¹ 爬　　　　ban¹ 飞　　　　tai⁵ 走　　　　the¹ 跑

（6）表示状态的

tshai³ 痛　　　ʔim⁵ 饱　　　　θin¹ 昏　　　　jak⁹ 饿

2. 及物动词

及物动词可以带有各种性质不同的宾语。

tsoi⁶（tshə²）修理（车）　　　hok⁷（sai⁶）做（事）

θak⁷（θɯ³）洗（衣）　　　　la:ŋ⁴（va:n⁵）洗（碗）

ŋok¹⁰（ho⁵）装（货）　　　　thɯ¹（na²）犁（田）

thap⁹（hun²）挑（柴）　　　 tɕen⁴（mu¹）养（猪）

tɕin¹（khau³）吃（饭）　　　toŋ¹（phjak⁷）煮（菜）

la:i² (θɯ¹) 写（字）　　　　　　tham³ (hun²) 砍（柴）

这类动词可以带宾语，也可以不带宾语。

（二）判断动词

pan²和tsaɯ⁶（是）用于陈述句中表示肯定、判断人或事物，或阐明其定义和概念。也可在前面加上否定词bu⁵或mi²（不），用于否定句。两词的主要区别：pan²还有"成为、可以"的意思。例如：

问：pak⁹tu¹nai⁶pan²bu⁵pan² 这个门可不可以

答：pan²（可以）/ bu⁵pan²（不可以）

问：ti⁴tsaɯ⁶bu⁵tsaɯ⁶noŋ⁴maɯ² 他是不是你的弟弟

答：tsaɯ⁶（是）/ bu⁵tsaɯ⁶（不是）

（三）能愿动词

麻栗坡壮语的能愿动词有ðu⁴（会）、nɯ⁶（想、愿意）。能愿动词和表示心理活动的动词所带的宾语一般是谓词或谓词性词组。

ðu⁴la:i²θɯ¹ 会写字　　　　　　ðu⁴hok⁷sai⁶ 会做事

nɯ⁶hok⁷ 想做、愿意做　　　　nɯ⁶la:ŋ⁴va:n⁵ 想洗碗

（四）趋向动词

pai¹（去）和ma²（来）可以作为主要动词，也可以作为趋向动词，表示动作的趋向。还可以放在主要动词之后表示动作的时态、强调语气等，动词带宾语时，趋向动词放在宾语后面。

ʔa:n⁵pai¹ʔa:n⁵ma²ʔa:n⁵bu⁵ho³ 算来算去算不对

算　去　算　来　算　不　对

ku⁴taŋ²lum²pai¹ja⁵ 我已经忘记了

我　已经　忘记　去　了

hok⁷luk¹⁰hon²ni²ma² 从今天做起

做　从　今天　来

ʔau¹mai⁴ma²θuŋ¹lam³ 拿两根棍子来

拿　木棍　来　两　根

七、介词

介词是置于名词、代词或某些短语前组成介词词组，用以修饰动词或形容词。麻栗坡壮语介词的特点是：介词不能单独使用，必须用在名词、代词等词前；一般不能重叠；不能加时态助词和趋向动词，有的介词可以兼动词。

（一）1.表示处所用的介词：luk¹⁰（自、从）、ju⁵（在）

maɯ²luk¹⁰ti⁶laɯ²ma² 你从哪个地方来
你　自　地方 哪里 来

ho⁴ti⁴luk¹⁰ðən²pai¹ 他们从家里去
他们 从　家 去

hon²pik¹⁰maɯ²ju⁵ðən²ti⁴tha²ku⁴ 明天你在他家等我
明天　　你　在 家 他　等 我

ti⁴ju⁵ðən²luk¹⁰tsa:i²la³ 她住在小儿子家
她 住在　子女 儿子　末尾

（二）表示时间的介词：luk¹⁰mɯ⁶（从……时候）、ju⁵mɯ⁶（在……时候）

luk¹⁰mɯ⁶me⁶lo²ma²thaŋ¹, daɯ¹ðən²tsɯ⁵saɯ¹ju⁵ 自从媳妇来了之后，家里就干净了
自　时候 媳妇 来 到　 里　家　就 干净 了

luk¹⁰mɯ⁶pan²tshai³ma², ku⁴tsɯ⁵ʔok⁹tu¹bu⁵la:i¹ 自生病以来，我就很少出门
自　时候 生病　来 我　就　出门 不 多

ju⁵mɯ⁶tɕin¹khaɯ³nai⁶, la⁴ha⁴khaɯ⁵la:i¹ 在吃饭的时候，不要说太多话
在 时候 吃饭 这　不要 说 话 多

maɯ²ju⁵mɯ⁶laɯ²taŋ²la⁴lum²ta:u⁰ðən²jɯ³po⁶me⁶ 你在什么时候都不要忘记回家看父母
你 在 时候 什么 都 不要 忘记 回 家 看望 父 母

（三）表示状态、方式用的介词：nəŋ²（按照）、ʔau¹（以）

nəŋ²pi⁶noŋ⁴ha⁴, bu⁵haɯ³maɯ²ma²ðən² 按照亲戚说的，你不能回家
按照 亲戚 说 不　给　你　来　家

170

nəŋ²kai⁵ku⁴ha⁴pai¹hok⁷tsɯ⁵ho³ja³ 按照我说的去做就对了
按照 的 我 说 去 做 就 对 了
ʔau¹sai⁶nai⁶ma²ha⁴，ho⁴lau⁴hok⁷dai³bu⁵dai¹ 以这个事情来讲，我们做得不好
以 事件 这 来说 我们 做 得 不好
ʔau¹tok¹⁰θɯ¹ma²hau³tɕi⁶kau⁵na:u²dai¹ 以读书来让自己更好
以 读 书 来让 自己 更 好

（四）表示对象、关联用的介词：to⁵（对）、taŋ²（都）、ta³（跟、同、和）

pa⁵tu¹tɯ⁴ðən²ku⁴hem⁵ʔa³to⁵lu⁶loŋ¹ 我家的大门正好开朝大路
门 大家我 正好 开 对 路 宽
maɯ²ʔa³pak⁹ha⁴to⁵ku⁴，ku⁴ko³lu⁴ʔau¹haɯ³maɯ² 你开口对我说，我也会拿给你的
你 开 嘴巴 说 对 我，我 也 会 拿 给 你
ka:u¹noi⁴ho⁴lau²taŋ²la⁴lum²pai¹ʔau¹θɯ¹ 我们等会都不要忘记去拿书
等会 我们 都 不要 忘记 去 拿 书
ho⁴lau²θi⁵kon²taŋ²tsɯ²pai¹tɕin¹khau³ 我们四个人约着去吃饭
我们 四人 都 约 去 吃饭
ku⁴ta³maɯ²tsam¹pai¹dam¹na² 我和你一起去插秧
我 和 你 一起 去 插秧
lau²θuŋ²kon²pai¹ðən²ti⁴hok⁷tɕhek⁹ 我们两人去他家做客
我们 两人 去 家 他 做客

（五）表示比较用的介词：niu²（比）、kwa⁵（比、超过）

使用的对象高于被比较的对象时可以用 niu² 和 kwa⁵，使用的对象低于被比较的对象时只能用 niu²。

ti⁴θuŋ¹niu²maɯ² 他比你高
他 高 比 你
ku⁴tam⁵niu²ti⁴ 我比他矮
我 矮 比 他
noŋ⁴θuŋ¹kwa⁵pi⁶ 弟弟比哥哥高

171

弟弟 高 超过 哥哥
ti⁴pi²kwa⁵ku⁴ 他比我胖
他 胖 超过 我

第七章 布侬支系语言生态环境的调查与改善

第一节 宏观语言生态环境的调查与分析

作者调查的两个村基本以壮族为主，但为什么作为一个优势民族，在仅仅几十年时间里，大部分村民的语言使用从本族语转向壮、汉双语，甚至放弃本族语转用汉语，这是一个复杂的问题。

从语言生态学的视角来看，犹如生物有机体，语言的存在必须有其适当的生态环境，一旦赖以生存的环境发生变化或消失，该语言的生命力必将受到威胁。因此，布侬村民本族语弱势化是语言宏观和微观生态环境恶化的直接结果。下面，就从这两方面进行详细分析。

一、人口环境因素——壮汉民族的交融

通过文献查阅，内地汉族迁徙麻栗坡历史久远，主要发生在以下几个阶段：清乾隆中后期，麻栗坡成为与越南通商的重要通道，内地汉族纷纷涌入麻栗坡或与越南接壤的乡镇村定居；清道光前后，内地汉族逃荒云南，麻栗坡境内以四川、贵州籍居多；清末到民国年间，内地汉族经商或因病疫、兵事等逃难涌入云南，此时，麻栗坡境内以湖、广两省籍居多；中华人民共和国成立后，一批支边干部、退伍转业军人和学校毕业生被安排或分配到麻栗坡县工作；改革开放后，很多外省、外地汉族到麻栗坡县内常住或暂住。目

前，麻栗坡县境内居住着来自江西、浙江、湖南、湖北、四川、贵州、广东和广西等省区的汉族。

在新岔河村和羊皮寨村，虽然壮族比例占明显优势，但仍然有汉族、苗族以及越南人等杂居于此或村子周围。为了日常生活的相互交往和经济文化等的相互交流，布侬村民需要一种语言作为沟通的载体，用于克服因语言不通而造成的障碍，由此，当地使用最广泛的语言——汉语，自然成为最便利的族际共同语。正是这种民族分布的特点，使得新岔河村和羊皮寨村的布侬村民不得不学习和使用汉语，从而形成当地汉语水平较高的局面。

新岔河村的一位年轻的布侬村民告诉作者："我家世世代代住在麻栗镇新岔河村，至于最初从哪里迁徙来的，已经很难考证了，有说是从广南来的，也有说是从四川来的。全村200多人，彝族有50多人，彝族是从隔壁村老屋基搬来的，汉族20多人，汉族都是后来嫁进来的。我爷爷那辈人都会讲壮语，我爸爸这一辈也几乎都会，不会的也能听得懂。到我这一辈能听懂的都很少，能用壮语交流的人更少。"

汉族媳妇（左）和布侬村民媳妇（中）接受汉族小学生普通话调查

（2019年1月，摄于新岔河村）

二、文化环境因素——汉文化的深入渗透

戴庆厦在对民族语言的研究中发现:"一种语言使用者群体规模越大,使用者群体内部自我调节能力和对新文化的适应和接受能力就越强,也就越有利于这种语言的生存和发展,这种语言就更容易在跨民族交际中被选择。"[①]外省流入的大量汉族给麻栗坡带来了丰富多彩的汉文化,直接影响到新岔河村和羊皮寨村布依村民的生活。

根据作者调查,文学方面,1958年至1961年搜集整理出的200余首民间歌谣中有很多是汉族民歌。1987年至1988年搜集整理出的四集《云南省民间文学集成麻栗坡县民间故事》里登载了大量的汉族民间传说和故事,不少汉族民间故事还被登载到麻栗坡县创办的《麻栗坡报》和《石笋天保文艺》(原《丹岩》《大王岩》)等文学刊物上。如今,县内多名汉族作家在《时代风采》《含笑花》《印象文山》《文山日报》《七都晚刊》和《盘龙河》等报刊发表小说、散文和诗歌。此外,麻栗坡县还编辑出版了《老山》杂志2期,发表文学作品60篇共计20余万字。在入户调查中,作者见到了农户家里摆放的地方报刊。可见,汉族文学已经深入人心,两个村子里即使使用本族语交流的布依村民(特别是老人),他们学习和使用的文字也都是中国传统汉字。

艺术方面,汉族主要艺术形式纷纷走进麻栗坡村寨,成为广大村民喜闻乐见的文娱节目。例如,在春节等传统节日期间,麻栗坡举行唱花灯或龙灯会贺年以增添节日的热闹气氛。再如,麻栗坡县中、小学校还配备了专业的美术老师、书法老师和舞蹈老师,教授学生汉族文化。作者在麻栗坡民族中学和羊皮寨村小学看到各民族学生的绘画作品、书法作品、摄影作品和现代舞舞台照等。其中,绘画作品有山水画、花鸟画、人物画和卡通画等;书法作品有用隶书、楷书和行书等书写的古诗、对联和语录等。此外,很多中小学还开设了传统的汉族球类、棋类等运动项目。

---

① 戴庆厦.濒危语言研究在语言学中的地位[J].长江学术,2006(1):97-101.

麻栗坡民族中学师生书画展（2019年1月，摄于麻栗坡民族中学）

儿童喜爱的玩具：奥特曼（2019年1月，摄于新岔河村布侬村民家）

生活方面，麻栗坡村寨里农村男女讲究穿着，做工精、质量好、款式新潮，与城镇街道其他兄弟民族区别不大；村里布侬村民不再被父母包办婚姻而是通过自由恋爱，经双方父母同意后，到法定年龄正式登记结婚；受汉族丧葬习俗影响，调查村丧事活动中的封建迷信色彩减少，但请客、大小筒钱、祭幛、花圈、爆竹、吃烟喝酒充斥整个丧事活动中，气氛热烈。壮族的节日里也包含了传统汉族节日，如春节、清明节、端午节、中元节、中秋节和霜降节，仪式也与汉族极为相似。例如，春节期间，政府组织开展送春联下乡、文艺会演、迎春书画展等活动；清明节期间，开展缅怀革命先烈、网上祭先烈等活动；"六一"期间，举办"童梦中国"等主题活动。此外，自2015年起，麻栗坡申报了多个群众性大项目：10个文体活动广场的建设，县图书馆基础设施的建设，"七彩云南"全民健身工程，"英雄老山圣地·中国范村"建设项目。据统计，麻栗镇共有村文艺队7支，分布在盘龙的小寨、盘龙街、迷董、云盘、懂站、下南峰和冲头的南朵7个自然村，参加人员108人。

总之，不同文化、艺术手段使群众性活动丰富多彩，文化融合正以各种形式深入布侬村民的生活中，使他们的生活方式不断发展变化。

布侬村民穿着已汉化（2019年1月，摄于新岔河村）

三、经济环境因素——经济形态的变革

新岔河村和羊皮寨村属于云南典型的山地地形区，由于地形限制，以前，当地农业一直处于较低水平。两个村子的布侬村民长期种植水稻、甘蔗等作物，这些作物价格低廉，市场吸引力小，因此经济效益低，村民们通过经济交流方式与外界联系的机会不多。此外，从新岔河村和羊皮寨村到乡政府的集市只有一条盘山蜿蜒的山路，村民出行极为不便。村民的主要运输方式是背负和牛车、马车运输，通过这两种简单的方式，村民将农作物运至乡政府所在地的集市上卖。除了赶集之外，当地人很少与外界有其他联系与交流的方式。随着当地经济的发展，新岔河村和羊皮寨村村民的交通工具开始从步行和牛车、马车转变为摩托车和拖拉机，村民的生活水平得到了极大的提高，有些家庭甚至购买了小汽车。这些发展和变化增进了村民们和外界的交流与联系。但是，由于地理位置的关系，外地进村的人不多，所以，单向的由村民向外界寻找联系的交流方式逐渐形成，这种单向的交流方式难以改变壮族聚居的情况，也难对当地的语言形成威胁，所以新岔河村和羊皮寨村成了稳定的壮语社区，有利于壮语的保存。

后来，政府为促进麻栗坡经济的发展，大力投入农村公路建设，通过新挖公路及道路优化、养护建设项目，快速提高公路通达率和公路覆盖率，解决了26个村民委员会71个村小组2.5万人交通困难问题。另外，在政府扶贫项目的扶持下，两村截至2010年底，已实现五通：通水、通电、通路、通电视、通电话。

2022年，新岔河村居民年总收入430.99万元，人均收入21400.7元；羊皮寨村居民年总收入4726.49万元，人均收入16760.6元。此外，政府还充分利用地域优势开发边贸进出口业务和旅游业务，通过整村推进新农村、美丽乡村、一事一议、以工代赈、兴边富民、易地搬迁、兴地睦边和农田整治等项目。

第七章 布侬支系语言生态环境的调查与改善

在新岔河村和羊皮寨村的实地调查中，作者目睹了布侬村民日新月异的生活变化：房屋由土房变瓦房，由瓦房逐渐变成砖混结构；现代化家具、电器、汽车进入各家；养殖业从牛、马、猪、鸡、鸭、鹅过渡到猫、狗、鹦鹉等生活宠物，精神生活日益丰富；随着交通的便捷，越来越多的青年男女外出打工、经商，他们还到县城、乡镇、街道经营商店、旅社等。

经济形态的变革使布侬村民不再局限于田间、地头和家里，他们有更广阔的活动空间和交际范围，也有更广泛的谈话内容和关注对象，单纯依靠壮语已经不能满足他们的交际需要，他们需要借助汉语，甚至主要依靠汉语，表达自己的意思和想法。同时，便捷的交通条件还使外地人有机会进入布侬村民的生活，而他们的进入又为布侬村民的汉语汉文化和习得创造了有利的条件。

下列一组照片真实反映了布侬村民经济生活的日新月异：

入村道路的修建（2019年1月，摄于羊皮寨村）

新房的修建（2019年1月，摄于新岔河村）

新房三楼里堆积的粮食（2019年1月，摄于新岔河村）

在经济文化发展迅猛的今天，布侬村民对传统文化仍然怀有深厚的感情，即使在新建房屋里依然保留传统的习俗。作者有幸在新岔河村一户布侬村民家拍摄并了解到新房布置的内涵：家里有老人的，新房一楼都备有两个客厅，一个是神龛和供桌前面的主客厅，留着老人百年后，做法事期间使用，即中间停放老人遗体或者骨灰盒，左右两边供戴孝守夜的人跪拜使用。次客厅与主客厅垂直，由一个没有封装门框的房间构成，今后如果有需要可以变成房间使用，次客厅一般放着电视沙发，瓜果茶点，供接待客人或休闲娱乐使用。

新房的主客厅（2019年1月，摄于新岔河村）

新房的次客厅（2019年1月，摄于新岔河村）

四、教育环境因素——学校单语教学

根据作者调查，截至2016年9月，新岔河村所属的麻栗镇境内有31所学校，其中，城区小学1所（县一小），在校学生1928人，教职工104人。麻栗镇完全小学20所，在校生2237人，教职工359人。完全中学1所（县民族中学），49个初中教学班，在校生2654人，教职工236人，普通高中60个教学班，在校生3426人，教职工223人。职业高中1所（县民族职业高级中学），在校生1671人，其中教职工134人。公办幼儿园5所（麻栗镇幼儿园、县幼儿园、牛滚塘幼儿园、潘家坝幼儿园、茅草坪幼儿园），在园幼儿1256人，教职工109人。民办幼儿园4所，在园幼儿631人，教职工59人。全镇义务教育巩固率104.05%，学前三年毛入园率134.50%，适龄儿童入学率99.97%。人均受教育年限8.41年。根据采访，新岔河的小学生大多到盘龙小学读书，离村大约7千米。近几年，中学生到县一中（一中和民中已经合并为一个学校）去读书。2019年，新建了一个二中，虽然还在建设中，但已经开始招生，盘龙小学属于二中的片区，二中距村大约10千米。

民办幼儿园：东晓幼儿园（2019年1月，摄于麻栗镇盘龙村委会董占村）

<<< 第七章 布侬支系语言生态环境的调查与改善

麻栗坡盘龙小学（2019年1月，摄于麻栗镇）

麻栗坡民族中学校训（2019年1月，摄于麻栗坡县城）

根据作者调查，羊皮寨村所属八布乡，2016年有中小学校9所，其中初级中学1所，教职工64人，教学班17个，在校学生765人；有小学8所，教职工127人，教学班53个，在校学生1603人。有附设幼儿班7个，在班幼儿190人。全乡小学入学率达99.6%、初中毛入学率达97.69%、三类残疾儿童少年入学率达到100%，人均受教育年限6.98年。根据采访，羊皮寨村的小学生在羊皮寨小学就读，中学生到八布中学就读，成绩好的，还可以考县一中。

羊皮寨小学宣传画（2019年1月，摄于八布乡）

如第四章所述，虽然壮族文字有着傲人的历史，但各种原因导致当地壮族几乎无人掌握壮文，壮语成为只保留语言、没有传承文字的语言类型。正是受到文字的限制，当地各级、各类教育机构难以开展壮、汉双语教学。据作者了解，当地教育部门曾计划将一批壮语课本用以当地壮族儿童的辅助教学，但老师看不懂教材内容，所以计划无法实行。在学校汉语单语的教育背景下，很多布依儿童到学校之后，在与老师和同学的长期接触中，本族语能力不断退步，上学前学习的一点本族语都被逐渐遗忘。更为凸显的是，为了使孩子上学后能很快地适应老师的汉语教学并与同学正常交流，很多家长在家里刻意弱化本族语,有意识地培养孩子的汉语能力,提高孩子的汉语水平,这样,在无形中,青少年一代渐渐对汉语产生依赖,最终完全丧失本族语能力。在调查中,作者曾就"双语教育"与布侬村民对话,得到的回答是,如果在家里既教孩子布侬语,又教孩子汉语或普通话,只会把孩子弄糊涂,造成语言混乱。

小学汉语教育(2019年1月,摄于麻栗坡县盘龙小学)

此外,布侬村民非常重视孩子的教育,两村少年儿童的入学率高达100%。由于所有学校都实行汉语单语教学,为了帮助孩子理解老师的语言并学好知识,大部分老人与父母都有意识地培养孩子的汉语能力,使新的一代人对汉语表现出更为亲近的态度,本族语反而在家里也逐渐失去了生存的空间。

还有,由于民族杂居,族际婚姻成为一种很普遍的现象,族际婚姻家庭内部需要选择一种便捷的语言来方便双方的交流。在调查中,作者发现,如果一个家庭中的父母来自不同的民族,那么父母之间的交流基本上都是使用汉语,相应地,父母和孩子的交流也都使用汉语。所以,新岔河村的一名小学生告诉作者:"家里的爷爷、奶奶、爸爸、妈妈和各种亲戚只和他说汉语;

在走街串巷的过程中基本上听不到叔叔、阿姨们讲壮语；一块玩耍的小伙伴之间也只讲汉语。"家庭和社区对儿童的语言习得具有重大影响，当周围的人只讲汉语时，儿童失去了耳濡目染自然习得本族语的最佳时机，导致本族语在儿童身上的传承受限。

中学汉语教育（2019年1月，摄于麻栗坡县麻栗坡民族中学）

五、媒体环境因素——汉化趋势的深入

新闻媒体的深入同样增强了布侬村民汉化的趋势。根据《麻栗坡县年鉴》，在2016年以来，麻栗坡广泛开展"讲文明，树新风"公益广告宣传活动，在重点区域、建筑围挡、公共阅报栏制作发布户外宣传海报500余张，在

<<< 第七章 布依支系语言生态环境的调查与改善

各类电子显示屏播放宣传标语100余次,在电视台、网络媒体刊播公益广告200余条(次)。

根据作者调查,2016年,新岔河村所属的麻栗镇境内17个村(居)民委员会均通固定电话,现有农村文化场所65个;社会老年人艺术团、农村业余文娱队20支。政府深入开展文化下乡活动,协调组织群众文体娱乐活动,开展文艺辅导培训,为群众电影下乡免费放映144场(次),维修有线广播设备340台。镇内现有农家书屋5个,藏书23500册,图书借阅126册(次)。全镇安装、维修直播卫星"户户通"1237套,电视覆盖率98%;农村通信覆盖率99%。境内有茨竹坝、豆豉店两个集市,已成为当地农特产品流通的重要集散地。据到户采访,新岔河村已经开展改造农村电网1.65万户,数字电视用户达14852户,广播电视人口综合覆盖率97.5%,有固定电话用户5051户,4G网络覆盖所有乡镇,3G网络覆盖所有行政村。

作者还调查到:2016年,羊皮寨村所属八布乡,投入"免费开放"经费建成"农家书屋"8个、便民书屋14个、村级农文网分校2所,境内全年藏书13500册,借阅1006册926人(次),阅览1000册(次)890人(次)。共出黑板报12期,专栏12期,发放宣传资料450余份,极大地丰富了农村群众的文化生活。同时,政府加快"村村通"工程建设,完成132个村小组3763户广播电视"村村通"工程建设任务,广播电视覆盖率达到98%。政府广泛开展群众性精神文明创建活动,全乡6个村小组150户群众被命名为十星级文明户。年内,全乡有移动、联通和小灵通通信基站13座,发展固定电话(含致富通)100部,累计达490部,全乡移动电话(手机、小灵通)用户累计达17600余部;发展宽带网络用户193户,全乡累计达715户。据到户采访,羊皮寨村已经开展改造农村电网1.65万户,数字电视用户达14852户,广播电视人口综合覆盖率97.5%,有固定电话用户5051户,4G网络覆盖所有乡镇,3G网络覆盖所有行政村。

根据以上收集到的具体数据,可以看到:两个自然村的社会环境具有强烈的现代化建设气息,这对语言使用具有直接影响,构成语言生态的宏观环境。

电脑和网络的普及（2019年1月，摄于羊皮寨村从心堂希望小学）

推广普通话的宣传标语（2019年1月，摄于麻栗坡县城）

第二节 微观语言生态环境的调查与分析

一、语言态度调查与分析

语言生态学非常重视人们的语言态度,"语言态度对语言运用具有直接的内在影响,它也会引起语言生态的变化"①。具体地说,"语言态度是在双语和多语(包括双方言和多方言)社会中,由于社会或民族认同、情感、目的和动机、行为倾向等因素的影响,人们对一种语言或文字的社会价值形成一定的认识或做出的评价"②。这一态度包括不同职业、不同年龄的居民对本族语、兼用语的态度。包括对保存或丢失本族语有何想法;对保存本族语、掌握兼用语的重要性的认识;对本族语和兼用语的关系持何种态度;对目前语言使用情况的看法等。对于语言态度的重要性,Baker 认为:"语言态度就像人口普查一样,为衡量语言的健康情况提供了尺度。"③ 戴庆厦也认为:"语言态度对人们的语言选择、语言使用和语言发展起着重要的作用。"④

作者所调查的新岔河村和羊皮寨村均属壮族村委会,由于壮族高度聚居,嫁入的其他民族人口比例过低,他们的语言不能对壮语形成影响,所以壮语长期占优势,是各村民小组的通用语言。调查中,新岔河村和羊皮寨村都有布依村民告诉作者:"我们周围都是壮族,大部分中青年和老年人都会讲壮语,壮人之间就应该讲壮语。"但是,随着时代的发展,村民们汉语能力与日俱增,从以下各表的数据可以看到,普通话正在取代壮语,成为布依村民群的通用语。

基于以上认识,作者认为:布依语的活力取决于布依村民是否对自己的

---

① 冯广义. 语言生态学引论 [M]. 北京:人民出版社,2013:19.
② 王远新. 论我国少数民族语言态度的几个问题 [J]. 满语研究,1999(1):87–99,143.
③ Baker C: Attitude and Language [M].Philadelphia: Multilingual Matters Ltd. 1992:9.
④ 戴庆厦. 语言关系与国家安全 [J]. 云南师范大学学报,2010(2):1–6.

语言有积极认同和主动维护的态度,是否认为本族语依然具有存在价值并能够被掌握,是否可以作为稳定民族团结和传承民族文化的尺度等。由此,作者既对所有调查对象设计了问题,又对会本族语的人单独设计了问题,调查结果呈现如下:

表7.1 布依村民语言态度调查

调查人数	调查问题	本族语 人数	本族语 比例	国家通用语 人数	国家通用语 比例	双语 人数	双语 比例
84	您认为自己更熟悉(二选一)	33	39.3%	51	60.7%		
	您认为更好听的是(二选一)	45	53.6%	39	46.4%		
	您认为学好什么语言的文化更重要(二选一)	58	69%	26	31%		
	您认为更便于交流的是(三选一)	27	32.1%	45	53.6%	12	14.3%
	您认为更应该学好的是(三选一)	20	23.8%	30	35.7%	34	40.5%
	您认为孩子回家应该说(三选一)	19	22.6%	58	69%	7	8.4%
	您认为家庭成员之间应该说(三选一)	23	27.4%	45	53.6%	16	19%
	您认为在学校里应该说(三选一)	4	4.7%	56	66.7%	24	28.6%
	您认为从外地打工、读书回村或往家里打电话时应该说(三选一)	17	20.24%	39	46.43%	28	33.33%

从表7.1可以看到:在被调查的84人中,选择更熟悉本族语的有33人,占39.3%,选择更熟悉国家通用语的有51人,占60.7%。选择本族语更好听的有45人,占53.6%,选择汉语更好听的有39人,占46.4%。认为学习本族语文化更重要的有58人,占69%,认为学习汉文化更重要的有26人,占31%。选择本族语更便于交流的有27人,占32.1%,选择国家通用语更便于交流的有45人,占53.6%,选择双语更便于交流的有12人,占14.3%。选择学习本族语更重要的有20人,占23.8%;选择学习国家通用语更重要的有30人,占35.7%,选择学习双语都重要的有34人,占40.5%。认为孩子回家应该说本族语的有19人,占22.6%,认为孩子回家应该说国家通用语的有58人,占69%,认为孩子回家应该说双语的7人,占8.4%。认为家庭成员之间应该说本族语有23人,占27.4%,认为家庭成员之间应该说汉语的有45人,占53.6%,认为

家庭成员之间应该说国家通用语的16人，占19%。认为学校里应该使用本族语的有4人，占4.7%；认为学校里应该使用汉语的有56人，占66.7%，认为应该使用双语的有24人，占28.6%。认为从外地打工、读书等人回村或往家里打电话时应该使用本族语的有17人，占20.2%，使用国家通用语的有39人，占46.4%，使用双语的人有28人，占33.3%。

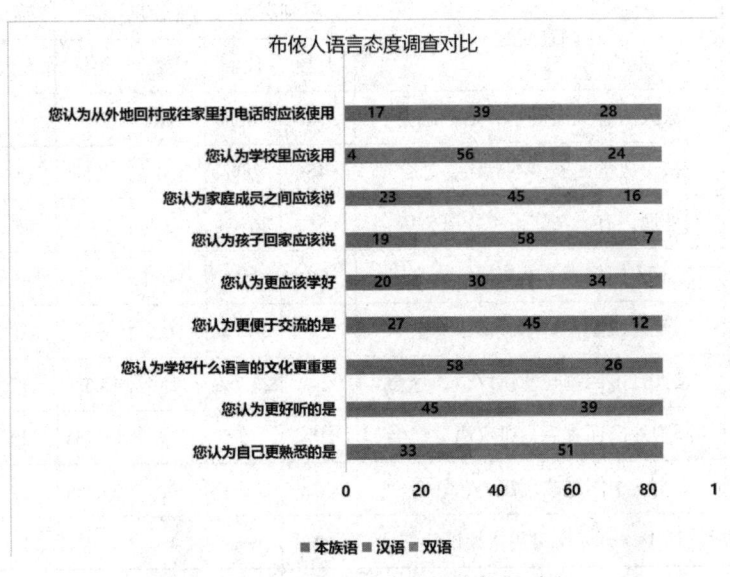

图7.1 布侬村民语言态度调查数据对比

以上数据对比表明：布侬村民清楚地认识到掌握多种语言的必要性，他们对语言持积极、开放和包容的态度，绝大部分是本族语和汉语的双语使用者。一方面，他们特别是老年人，认为本族语非常亲切、很好听、很有用，能拉近彼此之间的民族感情，他们也希望子女会说本族语，因为这是自己民族文化的载体，是民族之根，只有本族语的传承才能防止民族文化的失传；另一方面，为了顺应时代和社会的变迁，他们表现出对汉语的高度认同感，希望通过积极学习汉语来促进自身的发展。他们希望子女掌握汉语，因为这能保证他们与外界的顺利沟通，并把学来的文化知识运用到工作与生活之中，从而带动地区甚至本民族的共同发展。

二、语言情感调查与分析

为了进一步调查布依村民对本族语的态度,作者又对会讲本族语的59名布依村民专门进行了语言情感调查,调查情况如下:

表7.2 布依村民本族语者语言情感调查

调查对象（人）	调查问题	感到高兴 人数	感到高兴 比例	感到不高兴 人数	感到不高兴 比例	感到无所谓 人数	感到无所谓 比例
59	家人与您交流讲本族语,您会	59	100%	0	—	0	—
	孩子放学回家讲本族语,您会	46	78%	10	17%	3	5%
	在外地,有人与您讲本族语,您会	51	86.4%	3	5.1%	5	8.5%
	有人向您学习本族语,您会	56	95%	0	—	3	5%
	政府鼓励多讲本族语,您会	59	100%	0	—	0	—
	亲人打工回家与您讲汉语,您会	14	23.7%	28	47.5%	17	28.8%
	同胞外出回家后只讲汉语,您会	0	—	39	66.1%	20	33.9%
	交谈中同胞改用汉语,您会	0	—	32	54.2%	27	45.8%
	谈话中,有人反对用本族语,您会	0	—	48	81.4%	11	18.6%

从表7.2可以看到:在被调查的59名会讲本族语的布依村民中,对于"家人与您交流讲本族语",感到高兴的有59人,占100%。对于"孩子放学回家讲本族语",感到高兴的有46人,占78%;感到不高兴的有10人,占17%;感到无所谓的有3人,占5%。对于"在外地,有人与您讲本族语",感到高兴的有51人,占84.6%;感到不高兴的有3人,占5.1%;感到无所谓的有5人,占8.5%。对于"有人向您学习本族语",感到高兴的有56人,占95%;感到无所谓的有3人,占5%。对于"政府鼓励多讲本族语",感到高兴的有59人,占100%。对于"亲人打工回家与您讲汉语",感到高兴的有14人,占23.7%;感到不高兴的有28人,占47.5%;感到无所谓的有17人,占28.8%。对于"同胞外出回家后只讲汉语",感到不高兴的有39人,占66.1%,感到无所谓的有20人,占33.9%。对于"交谈中同胞改用汉语",感到不高兴的有32人,占

>>> 第七章 布侬支系语言生态环境的调查与改善

54.2%；感到无所谓的有27人，占45.8%。对于"谈话中，有人反对用本族语"，感到不高兴的有48人，占81.4%，感到无所谓的有11人，占18.6%。

布侬人本族语者语言情感调查对比

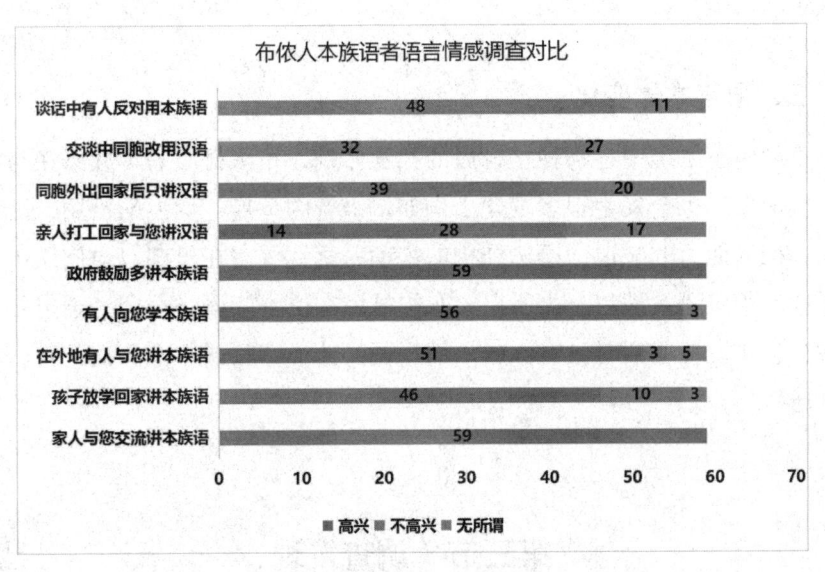

项目	高兴	不高兴	无所谓
谈话中有人反对用本族语		48	11
交谈中同胞改用汉语		32	27
同胞外出回家后只讲汉语		39	20
亲人打工回家与您讲汉语	14	28	17
政府鼓励多讲本族语	59		
有人向您学本族语	56		3
在外地有人与您讲本族语	51	3	5
孩子放学回家讲本族语	46	10	3
家人与您交流讲本族语	59		

图 7.2 布侬村民本族语者语言情感调查数据对比

以上数据对比表明：语言情感的被调查人群是本族语者，基本上都是中老年人，他们的壮语水平远高于其他年龄群，对本族语有着深厚的感情，突出表现于老年人对孩子学习壮语的热切期盼。

在调查中，作者了解到：

村里的老人知道学习汉语的重要性，但出于对自己民族语言的热爱，他们希望有人能将本族语口头传承下去，所以，他们希望下一代最先学会壮语，使壮语得以延续。

村里的老人对不懂本族语的年轻人，尤其是精通本族语但离家返乡之后不愿再用本族语的壮族同胞表现出了强烈的不满。老年人看不惯这样的行为，认为这些人丢失了祖宗传下来的语言，感觉上不像是壮族人了，这在很大程度上表现出他们对本族语强烈的热爱和忠诚。

村里的老人都表示十分愿意教其他民族的人学习自己的语言。主要原因：一方面，他们觉得这意味着别人认同自己的民族和语言，这是作为壮族的骄傲；另一方面，通过教其他民族壮语，可以把壮语使用的范围扩大，从而推动壮语的保护和传承。此外，他们向作者表达了传承本族语的心声和对本族语消失的担忧。

三、语言本体变化

正如生态系统中各物种接触后的相互影响，布依村民的本族语在与汉语大量接触中，也会发生很多变化。例如，语音的替换，词汇的借用，语义的交叉，构词能力的减退，语法结构的松动、紊乱等。在长期双语使用中，本族语中的很多语素被遗忘。所以，布依村民在说本族语时总会夹杂很多普通话成分，在说普通话时又有本族语的影子，造成"壮话不像壮话，普通话不像普通话"。

第三节　调查发现

根据作者的入户调查、数据分析和访谈等发现：壮语在布依村民村寨并非濒危语言，但是，目前多数布依村民已经完全转用汉语，一部分人兼用普通话和本族语，只有少数人坚持使用本族语。这种本族语退化的趋势是多方面因素的综合结果。其中，文化、经济、教育、媒体等宏观语言生态环境因素起着决定性作用，它们主导着布依村民语言选择、语言态度和语言情感等微观语言生态环境因素。具体发现如下。

一、主观上，布依村民对本族语和本族语文化有较强的认同感

新岔河村和羊皮寨村的多数布依村民对本族语持深厚感情，他们愿意继续使用本族语，愿意让后代使用或学习本族语，愿意教其他民族学习自己的语言，更希望社会力量重视并帮助他们维护本族语。总之，种种迹象表明：本族语在布依村民群中依然具有活力，尚未处于濒危状态。

二、客观上，布侬村民本族语衰退的迹象较为明显

使用本族语人口减少。在离县城较近、交通便利且多民族杂居的地区，在出外读书的幼儿园、小学、中学、大学学生群体中，在外出就业、打工的年轻人群中，会讲本族语的人口越来越少，相反，普通话或汉语方言成为年轻人群的时尚，他们以讲汉语、用汉语为荣，以此表现自己的见识多、交际广。

本族语使用范围缩小。新岔河村和羊皮寨村的公共场合，如幼儿园、小学、中学、商店、门诊、村公所、乡政府、包括新闻媒体的教育、交际、办公、宣传等都只用汉语。

本族语的使用频率远低于汉语。新岔河村和羊皮寨村虽然是布侬村民高度聚居的村落，但为了更好适应以汉语为主流的学校教育、经济活动和各种文化活动，汉语成为布侬村民最为便利的交流工具和最为重要的族际通用语。

三、布侬村民正处于双语并存的语言生态环境

大部分中老年人可以在壮语和汉语之间自由转化，他们对语言转用表现出理解、宽容和尊重的态度。他们乐于接受下一代语言的转用，也尊重其他壮族同胞对语言的选择。可见，布侬村民在维护本族语的同时，也秉承着理性、开放的心态，易于接受生活中不断发生的新变化。

四、传统民族文化流失

迅速发展的汉族经济、政治和文化强烈冲击着布侬村民的社会生态环境。原有的传统经济让位于新的经济模式，经济发展的同时传统文化逐渐衰退。作者在调查中发现：村落或学校等的搬迁、旧村的改造和建设新村的规划使原来的住房样式环境发生改变，很多布侬村民传统习俗随之流失。此外，很多布侬村民走出村寨，常年在城市工作，他们的视野、价值观、生活习惯和语言使用等都被汉化，从而导致不懂本民族宗教、礼仪、风俗等的人口急剧上升。

五、忽视本族语的保护

布依村民在语言的选择方面只关注了它的交际和信息载体功能，普遍忽视了语言作为族群特征的标志内涵。很多村干部、村民和教育工作者没有意识到本族语是民族思维和认知的工具，是族群长期经验、知识和情感的总和，所以，他们对于本族语的保护表现出淡漠，甚至在有关单位实施文化保护中还会形成一定的阻力。

六、保护措施缺失

作者在调查中发现，虽然民族、宗教事务和旅游部门等机构有心采取保护、抢救和开发民族语言和文化的工作，但缺乏相应的法律、政策和经费的保障，所以困难重重，难以持续、深入地开展。此外，少数民族语言没有考核方式，例如，即使有教师能够并愿意从事汉语和本族语的双语教学，但与工作业绩不挂钩，使其失去维护本族语的积极性。

总之，即使文山是壮族自治州，麻栗坡的主体民族是壮族，但与汉文化和汉语比较，本族文化和语言在政治、经济和文化领域仍处于弱势地位。可见，语言的活力由其赖以生存的宏观、微观语言生态环境决定，一旦环境遭到破坏而又无法恢复，语言的转用将成为必然。通过对本族语在布依村民村寨里的弱势状态、弱势过程和弱势原因进行系统分析，可以发现影响制约语言生命力的各种因素，并总结出语言濒危的演变规律。

以上所有调查和分析正是戴庆厦观点的生动解读："自人类社会形成民族后，语言就打上了民族的烙印，同民族发生了密不可分的联系。从这时起，语言便从属于每一个具体的民族，成为民族的一个重要特征，如从属于汉民族的共同语称汉语，从属于维吾尔民族的共同语称维语，等等。从这时起，也就不存在不属于某个具体民族的语言，而是每个语言都带上了民族的标志。语言成为民族的特征后，二者在发展中互相影响，互相制约。一方面，语言的发展和变化受民族发展的影响制约；另一方面，语言也影响民族的发展。一部语言史总是同一部民族史紧密地联系在一起。所以研究语言不能离开对民族的研究；同样，研究民族也不能离开语言。"①

---

① 戴庆厦.语言和民族[M].北京：中央民族大学出版社，1994：2.

第四节　改善语言生态环境的举措

张公瑾先生指出：多掌握一种语言就是多具备一种交际功能，多享有一种文化体验，多一种观察事物的视角，多掌握一种思考问题的方式。的确，语言是文化的载体，每个民族都有属于自己的语言，它是维系一个民族最根本的纽带，是民族文化认同最典型的标志。一门语言的消失不亚于一个物种的消失，语言的流失将对人类文化、艺术和自然科学造成重创。所以，保护和抢救正在消失的语言是一项势在必行、长期而艰巨的研究，理应成为整个社会的责任和义务。

基于调查所得，本节将从内因和外因两个方面论述如何改善布侬村民语言生态环境，维护本族语的健康发展。

一、增强民族群体与社会力量的内因与外因

（一）增强布侬村民的语言自省意识

作者发现：两个调查村里的布侬村民对本族语丢失的反映都较为迟缓。出于惯性思维和从众心理，即使是热爱本族语的中、老年人也认为村寨里的孩子不学、不讲本族语是一种常态，无可厚非。此外，大部分青少年和孩童对于"祭龙""侬志高""五色饭"等的传说和由来表现出一脸茫然。他们大多已被"汉化"，对于自己民族的文化、历史和习俗等知之甚少。这一切正是本族语传递开始中断的信号，而很多事实证明，随着这一信号的加强再来采取措施实际上只会事倍功半，所以，及时唤醒布侬村民自觉维护本族语的意识极为紧迫。

唤醒布侬村民语言自省意识，首先，应该让他们理解并发觉：民间文化是一个民族的祖先对生活里美好事物的理性总结和深切感悟，它们联结着族群的过去、现在与未来，是该民族独特的物质和精神面貌的活化石。很多传

统文化形式，例如承载民族诞生、迁徙、历史发展、生活习俗和劳动经验的古歌、传说、情歌、叙事史诗和民间故事，来自祭司或德高望重的老人在村寨祭典、建村盖房、生老病死等仪式中对天象、山川风物、五谷六畜和生灵信仰的吟唱，反映民族特色食品、民族服饰、配饰的制作与内涵，等等，大多没有文字记录，它们更多存在于族群的口头传承之中。然而，在语言生态环境受到强烈冲击的今天，本族语在代际间的传承正在萎缩，其所承载的民族文化犹如濒危物种，正面临消失的危险。同时，还要让他们警醒：语言的维持源于族群内部的活力，这种活力来自族群对本族语及本族语文化的基本态度和认识程度。如果族群本身不愿意维持自己的语言，那么其他力量的努力只是枉然。所以，族群成员应该认识到自己是本族语和本族文化的挽救者而不是旁观者，挽救自己的语言文化就是挽救自己的民族。只有这样的理性认识，他们才会从被动的"要我做"变为主动的"我要做"，他们才会主动徜徉于本民族的语言文化中自得其乐。所以，在学习汉语和汉文化的同时，布依村民必须在言传身教、身体力行中，保持民族个性，唤醒自主意识，从根本上推进本民族语言与文化的维护与传承。

（二）增强政府和学术机构的责任意识

现代科技和文化成果源于传统知识的积淀，延续了几千年的民族智慧是国家繁荣昌盛的深厚底蕴，所以，一个民族语言的消失或部分消失将直接威胁着整个民族文化的活力与延续。云南，作为26个少数民族之家，拥有丰富的民族语言和文化资源，把云南建设为民族文化大省具有重要的战略意义。但是，正如布依村民的调查结果反映，宏观和微观的原因使云南很多少数民族聚居地的语言生态环境遭受瓦解和破坏，很多本族语正在流失，虽然没有达到濒危的程度，但与强大的汉语相比，已经是绝对弱势语言，其使用范围正在急剧缩小，照此发展，语言势必衰落，而衰落后才开始语言复活和语言申遗只会为时太晚。所以，除了唤醒少数民族维持本族语的自省意识之外，政府的文化、教育、民族、旅游等部门以及基层组织也必须增强社会责任意识，积极投身于语言保护行列，为维护少数民族的语言文化出谋划策，亲力亲为。

二、协同内外因的具体举措

少数民族地区转用汉语是出于对社会发展的适应，但是，作为民族文化的载体，民族语言是宝贵的文化财富，因此，对于语言的丢失应该采取积极的措施，如何使内因和外因相互促进，协调发展，具体举措如下。

（一）对语言持宽容的态度

群体内部对本族语使用者应该持宽容的态度。一个物种在与其他物种接触中难免发生各种变化，语言在长期使用的过程中也将出现各种变音和变体，加上个人经历、教育程度和家庭氛围等的差异，族群中常出现半生不熟的本族语者，对于他们，本族语精通者或熟练者要持理解、宽容和鼓励的态度，帮助他们克服羞怯和尴尬心理，从而强化他们使用本族语的频率和范围。

（二）拓展语言使用范围

民族聚居地区应该在本地相关机构的引导和帮助下，多角度拓展语言使用范围。例如，在学校里组织"民族语言角"，让会讲本族语的师生带领其他学生和老师学习、使用和操练民族语，可以从基础会话过渡到民族文字和文化的传播；组织纯民族语言和文化的活动，如民族语诵读赛、故事赛、民族歌会、民族舞蹈、双语（民族语＋汉语）漫谈民族食品与饰品等等；鼓励少数民族干部使用本族语召开小型会议（如果需要，也可以是双语）。

（三）倡导说本族语

倡导少数民族、特别是农村干部和民间艺人在社区内外都使用本族语。倡导少数民族从工作单位或学校给家里打电话，或者在医院、集市、公共交通工具中等公共场合，只要有可能，多讲本族语，从而增强族群特征。作者发现，绝大多数布依村民不知道壮族有自己的文字，在问及相关问题时，他们对文字的需求不置可否，相当一部分人还认为汉文化比本族文化先进，族群的经济和社会要实现跨越式发展，族人必须加紧学习汉文化和英语，而不是本族语，甚至很多人认为在外族面前讲本族语是对别人的不尊重，容易造成隔阂和矛盾，这一切都需要政府和媒体等的正确引导，通过具体鼓励措施，帮助族群增强民族自信心和能使用本族语的自豪感。

(四) 建设"民族语言保护研究基地"

倡导、引领国内外政府或民间机构出资出力，共同参与"民族语言保护研究基地"的建设。通过组织力量对本族语基础好、经济环境良好、习俗文化保持相对完整、民族人口较为集中的区域进行重点保护、维持和引导，使该区域成为民族语和传统文化的保护区。这些地区可以在政府支持下，大力发展民族经济和民族文化活动，并在此过程中，使民族语言贯穿始终。例如，作者在对麻栗坡县的调查中发现，布侬语的保护点可以设在杨万乡村寨。

(五) 配备专职文字工作者

正如 Bernard 所说："没有文字的土语往往容易屈服于其他语言。要想保护濒危语言，解决的办法有两条：其一就是帮助他们发展语言文字项目；其二就是帮助他们建立出版社。"[①]的确，没有文字记录，后继研究难以开展，口头语言一旦失传，相应的文化精华也将随之消失。同时，随着时代的发展，很多少数民族语言吸纳了强势语言和其他方言的成分，势必发生各种变化，只有适时使用已有文字或新创文字进行记录并载入文献典籍进行保存，传统的语言词汇和用法才不会消失，新生的语言词汇和用法也才能得以留存。例如，新创的壮语文字虽然没有被普及使用，却能增强壮族人民的政治荣誉感和民族自豪感，是民族平等的标志，对于保存口头语言和文化资源更是具有举足轻重的作用，所以，借助文字力度保护语言势在必行。例如，给"民族语言保护研究基地"配备专职人员从事语言文字工作。专职的文字工作者首先可以利用录音、录像、视频等现代化手段采集传统诗歌、故事、家谱、谚语、生活常识和民间医药等宝贵的口头文化。然后，将采集的资料进行文字化处理，既可以不断完善、充实语料库，保障研究的需要，又可以帮助出版与时俱进的少数民族书籍、双语辞书和双语教材等。此外，通过与多方合作创建语言资源联盟，实现资源共享以保持语言的活力和生命力。

(六) 加大保护民族精英的力度

从政策和资金等方面，加大保护少数民族民间文化遗产和传承人的力度。

---

① BERNARD, H R. Language Preservation and Publishing [M] //NANCY H H. Indigenous Literacies in the Americas: Language Planning from Button, New York: Mouton de Gruyter, 1997: 14.

保护民族语言和文化的多样性如同保护生物多样性一样重要，所以保护本民族的精英非常必要，这些精英包括熟练掌握本族语和精通本族语文化的年长者、民间艺人和学者。现代媒体应该通过强大的宣传力量，在一定范围内扩大精英们的社区影响力和人群尊重度，使其能发挥所长，作为濒危或弱势语言保护和研究基地的强大资源，发挥应有的作用。

（七）择优录用

政府在选拔少数民族干部时，优先考虑会少数民族语言的人，必要时可以降低录用条件（如学历等）。培养少数民族专业人才作为技术资源，全职或兼职服务于语言保护和研究基地，从而能够推动语言规划的正确实施。

（八）建立双语教学机制

社会通用语使少数民族在城市化进程中可以与时俱进，但族群的记忆与经验离不开本族语。所以，传承具有地方特色的知识体系而开展双语教育是符合民族发展的必由之路。幼儿园和小学需要招聘普通话和本族语兼通的双语教师，通过他们向语言敏感期的学生传达这样的意识：多掌握一种语言就多一个扩大交际范围、增强竞争优势的工具。据调查，麻栗坡布侬村民双语现象较为普及，这是他们与汉族和其他民族和谐共处又不失本民族特色的基础，所以，应该因势利导，通过双语教育，进一步增强布侬村民对本族语的认同感。

第八章 结语

犹如自然界的生物，各种语言和文化共同存在于一个生态系统之中，在这个系统中，语言之间、文化之间交流碰撞，相互影响，互相竞争，在竞争中，要么更加强大，要么面临衰退。当前，全球化浪潮和城市化进程使很多少数民族语言面临生存危机，鉴于此，本研究以语言生态环境为调查背景，以布依村民语言使用现状为研究对象，探究语言与语言环境之间的内在联系，以期对新时代、新农村的少数民族语言保护有所启示。

一、研究发现

本研究对于布依村民的语言生态环境研究主要从三个方面展开：①布依村民宏观语言生态环境；②布依村民微观语言生态环境；③布依村民语言生态环境保护规划。基于研究发现，总结如下：

首先，通过对两个壮族自然村村民语言使用情况进行调查分析，发现随着新农村的建设与发展，布依村民的生活状况得到极大改观，但同时，很多传统文化逐渐被强大的汉文化消融。在汉文化影响下，布依村民的语言选择表现出语言兼用和语言转用的特点，即在不同性别、不同年龄、不同职业人群和不同语域中，存在壮语和汉语共用的情况。目前，虽然壮语在布依村民聚居的村寨仍有相当活力，本族语和汉语在布依村民生活中和谐互补、稳定共存的状态短期内不会发生改变，但很多迹象表明：布依村民本族语的表达功能正在退化，使用人数正在减少，使用范围正在缩小，大批族群成员开始转用、转学普通话。

其次，布依村民对本族语的语言态度也发生很大转变，本族语的通用语地位已经逐渐让位于普通话。调查数据表明，壮语只在情感评价和功能评价上较有优势，且这种优势主要体现在中老年人群中，随着这代人的逝去或老去，对本族语充满热情的人将越来越少，本族语将陷入弱势甚至趋于衰亡，最终导致本族语所承载的传统文化在现代社会的逐渐萎缩。

最后，很多布侬村民在接受主流文化时并不摒弃本族文化，但他们没有意识到本族语对于保护民族文化的重要性，没有意识到使用、学习本族语、接受本族语教育的意愿对于保持语言活力的重要性。作者认为，改善布侬村民语言生态环境首先在于增强布侬村民的语言自省意识，同时，语言保护需要一定的人力与财力支持，所以，政府自上而下的宣传、管理与协调加上社会各界力量的鼎力合作共同组成改善布侬村民语言生态环境的外因，只有内外因相辅相成、协同发展，才能使布侬村民的语言得以保持旺盛的生命力，从而使其传统文化得以发扬光大。

二、研究贡献

本研究的贡献主要体现在选题、调查点的选择、战略意义、实际收获和研究反思五个方面，具体表现为：

第一，云南是少数民族语言情况最为复杂的地区之一。随着城镇化进程的加快和不同民族间的频繁接触，很多少数民族的语言原生态环境遭到破坏。其中，被划归为壮族的布侬支系（自称"布侬村民"），人口少，远离城市，常被人忽略，用语言生态学理论对布侬支系开展语言生态的个案调查与研究，选题新颖，可以作为我国边疆少数民族语言发展趋势的一个缩影。

第二，作者选择离政府所在地10千米处隶属麻栗镇盘龙村委会的新岔河村和离政府所在地25千米处隶属八布乡的贫困村羊皮寨村作为调查点，这样微观的个案便于深入调查，获取真实体验与鲜活语料。调查结果既可为布侬村民的社会发展、历史文化、语言变迁和生活现状等研究提供大量一手语料，还可为云南边境少数民族的语言生态学研究提供一定参考。

第三，麻栗坡是云南通往越南及东南亚地区取道最直、里程最短的陆路通道，是云南省对外开放的前沿和重要通商口岸，研究选取麻栗坡两个自然村作为调查点，调查与研究成果还可为当地政府的生态文明建设提供参考，为促进边境地区的稳定发展提供新的观察视角。

第四，作者克服了时间、交通、交流和生活习惯等障碍，深入两个村子，与当地居民建立了和谐关系，保证收集到的语料真实、可靠。同时，在调查中，作者物色到合适的本族语发音人，参考黄布凡主编的《藏缅语族语言词汇调查大纲》和范俊军编著的《中国田野语言学概要》，从"天文、地理，人物亲属，动植物"等十一个方面对布侬村民的常用词汇、工作用语、日常生活用句和小故事进行录音和规范记音，形成的文字资料有助于窥见布侬村民的文化和语言特点，也为后继研究打下一定的基础。此外，在整个调查过程中，作者不忘使命，积极进行语言保护的宣传和讲解工作，一定程度上有助于增强布侬村民的民族自豪感和对本族语的认同感。

第五，壮族是中国少数民族人口最多的民族，现有人口1800多万，其中，100多万居住在云南文山壮族苗族自治州。作为一个人口众多的民族，壮族人民向来以其悠久的历史和灿烂的文化而深感自豪。然而，正如本研究所揭示的，即使如此强大的族群在其聚居区也不得不面临严峻的考验，那么，其他人口更少的民族又该如何在全球化浪潮中保护和维持自己的语言和文化？如何在经济发展和保持特色的碰撞中找到一个平衡的支点？如何继续保持对本族文化的热爱？这一切值得每一位语言工作者思考。

参考文献

著作：

［1］冯广义.语言生态学引论［M］.北京：人民出版社，2013.

［2］邵宜.语言与语言生态研究［M］.广州：暨南大学出版社，2012.

［3］戴庆厦.社会语言学教程［M］.北京：中央民族学院出版社，1993.

［4］戴庆厦.语言和民族［M］.北京：中央民族大学出版社，1994.

［5］戴庆厦.语言调查教程［M］.北京：商务印书馆，2015.

［6］钱冠连.语言全息论［M］.北京：商务印书馆，2002.

［7］刘润清.西方语言学流派［M］.北京：外语教学与研究出版社，1995.

［8］祝畹谨.社会语言学概论［M］.长沙：湖南教育出版社，1992.

［9］刘树华.人类环境生态学［M］.北京：北京大学出版社，2009.

［10］袁焱.语言接触与语言演变［M］.北京：民族出版社，2001.

［11］叶蜚声，徐通锵.语言学纲要［M］.北京：北京大学出版社，2002.

［12］徐世璇.濒危语言研究［M］.北京：中央民族大学出版社，2001.

［13］黄行.中国少数民族语言活力研究［M］.北京：中央民族大学出版社，2000.

［14］李锦芳.西南地区濒危语言调查研究［M］.北京：中央民族大学出版社，2006.

［15］杨光远，赵岩社.云南少数民族语言文字概论［M］.昆明：云南民

族出版，2002.

[16] 李方桂.比较台语手册［M］.丁邦新，译.北京：清华大学出版社，2011.

[17] 梁敏，张均如.侗台语族概论［M］.北京：中国社会科学出版社，1996.

[18] 张均如，梁敏，欧阳觉亚，等.壮语方言研究［M］.成都：四川民族出版社，1999.

[19] 韦庆稳.壮语语法研究［M］.南宁：广西民族出版社，1985.

[20] 韦名应.桂东壮语语音研究［M］.北京：民族出版社，2018.

[21] 巫凌云，杨光远.傣语语法［M］.昆明：云南民族出版社，2016.

[22] 张均如.水语简志［M］.北京：民族出版社，1980.

[23] 卡洛琳·麦茜特.自然之死——妇女、生态和科学革命［M］.吴国盛，等译.长春：吉林人民出版社，1999.

[24] 格里芬.后现代精神［M］.王成兵，译.北京：中央编译出版社，1998.

[25] 沃斯特.自然的经济体系——生态思想史［M］.侯文蕙，译.北京：商务印书馆，1999.

[26] 萨利科·S.穆夫温.语言演化生态学［M］.郭嘉，胡蓉，阿错，译.北京：商务印书馆，2012.

[27] 简·爱切生.语言的变化：进步还是退化［M］.徐家祯，译.北京：语文出版社，1997.

[28] 威廉·冯·洪堡特.洪堡特语言哲学文集［M］.姚小平，译.长沙：湖南教育出版社，2001.

期刊论文：

[1] 戴庆厦.语言关系与国家安全［J］.云南师范大学学报（哲学社会科学版），2010，42（2）.

[2] 戴庆厦.濒危语言研究在语言学中的地位［J］.长江学术，2006（1）.

[3] 戴庆厦，赵益真.我国双语研究的现状及展望［J］.民族教育，1989

（3）．

[4] 戴庆厦．中国濒危语言研究的四个认识问题[J]．玉溪师范学院学报，2015，31（1）．

[5] 姜瑾．语言生态学研究面面观[J]．苏州教育学院学报，2009（6）．

[6] 寸红彬，张文娟．云南濒危少数民族语言的生态环境[J]．学术探索，2016（7）．

[7] 黄知常．从言语奢化现象看语言环境公平问题[J]．语言教学与研究，2002（1）．

[8] 娜么塔．语言生态与双语教育[J]．西南民族大学学报（人文社会科学版），2005，26（1）．

[9] 王远新．论我国少数民族语言态度的几个问题[J]．满语研究，1999（1）．

[10] 文兰芳．语言多样性的生态学意义[J]．外语学刊，2016（1）．

[11] 黄国文．语言生态学的兴起与发展[J]．中国外语，2016（1）．

[12] 陈章太．构建和谐语言生态[J]．语言战略研究，2016（2）．

[13] 梅德明．大数据时代语言生态研究[J]．外语电化教学，2014（1）．

[14] 李燕．保护少数民族濒危语言创建和谐的语言生态[J]．语文学刊，2011（10）．

[15] 方铁．云南跨境民族的分布、来源及其特点[J]．广西民族大学学报（哲学社会科学版），2007（5）．

[16] 田立新．中国语言资源保护工程的缘起及意义[J]．语言文字应用，2015（4）．

[17] 黄行，许峰．我国与周边国家跨境语言的语言规划研究[J]．语言文字应用，2014（2）．

[18] 许鲜明，白碧波．云南濒危语言保护传承问题及对策研究[J]．玉溪师范学院学报，2014（9）．

[19] 郑玉彤，李锦芳．濒危语言的调查记录方法[J]．云南师范大学学报，2012（7）．

[20] 张林．危机中的云南少数民族语言——以云南文山谷拉乡布央语为

例[J].云南社会科学,2015(3).

[21] 范俊军.语言活力与语言濒危的评估——联合国教科文组织文件《语言活力与语言濒危》评述[J].民族语文,2006(2).

[22] 赵丽梅.从生态学到生态语言学的研究[J].社科纵横,2019,34(6).

[23] 赵丽梅.中国少数民族濒危语言生态环境之探析[J].社科纵横,2020,35(5).

[24] 赵丽梅.《创世纪》里"教化"思想的哲学诠释[J].大理大学学报,2020,5(9).

[25] 陆明鹏.泰语复辅音在我国傣语和文山壮语中的对应形式研究[D].昆明:云南民族大学,2020.

国外文献:

[1] BAKER C. Attitude and Language [M]. Philiadelphia: Multilingual Matters Ltd, 1992.

[2] BERNARD H R. Language Preservation and Publishing [M] // NANCY H H. Indigenous Literacies in the Americas: Language Planningfrom Button Up New York: Mouton de Gruyter, 1997.

[3] BANG J C, DOOR J. Language, Ecology and Society: A Dialectical Approach [M]. New York: Continuum, 2007.

[4] BRENZINGER M. Language Diversity Endangered [M]. Berlin & New York: Mouton deGruyter, 2007.

[5] CREESE A, Martin P, Hornberger N. Ecology of Language [M]. Berlin: Springer, 2008.

[6] FISHMA J. Conference Summary Maintenance and Loss of Minority Language [M]. Amsterdam: John Benjamins, 1992.

[7] FASOLD R. The Sociolinguistics of Society [M]. Oxford, UK: Blankwell Publishers, 1984.

[8] HALE K. Endangered Languages: On Endangered Languages and Importance of Linguistic Diversity [M]. New York: Cambridge

University Press，1998.

[9] GRENOBLE L A, WHALEY L J. Saving Languages: An Introduction to Language Revitalization [M]. Cambridge: Cambridge University Press, 2006.

[10] J EDWARD. Language Minorities and Maintenance [J]. Annual Review of Applied Linguistics, 1997 (17).

[11] PITTAYAPORN P. The Phonology of Proto-Tai [D]. New York: Cornell University, 2009.

附 录

1. 新岔河村/羊皮寨村 语言使用调查问卷

调查点：　　　　　　　　调查对象姓名：

性别	年龄	民族	职业	文化程度	您的本族语	第二语言

此调查问卷只用于研究！请在括号前打钩，感谢您的参与！

一、语言使用情况

1. 您会讲壮语吗？
（　　）会　　　　　（　　）略懂　　　　（　　）不会
2. 您会讲普通话吗？
（　　）会　　　　　（　　）略懂　　　　（　　）不会
3. 您在家和爷爷、奶奶常用____交流。
（　　）壮语　　　（　　）普通话　　　（　　）壮语和普通话
4. 您在家和父亲、母亲常用____交流。
（　　）壮语　　　（　　）普通话　　　（　　）壮语和普通话
5. 您在家和丈夫或妻子常用____交流。
（　　）壮语　　　（　　）普通话　　　（　　）壮语和普通话
6. 您在家和兄弟姊妹常用____交流。
（　　）壮语　　　（　　）普通话　　　（　　）壮语和普通话
7. 您在家和子女常用____交流。
（　　）壮语　　　（　　）普通话　　　（　　）壮语和普通话

8. 您在集市常用____与人交流。

（   ）壮语　　　　（   ）普通话　　　　（   ）壮语和普通话

9. 您在本地学校常用____和老师交流。

（   ）壮语　　　　（   ）普通话　　　　（   ）壮语和普通话

10. 您在本地学校常用____和同学交流。（针对在校学生）

（   ）壮语　　　　（   ）普通话　　　　（   ）壮语和普通话

二、语言态度

11. 您认为自己能熟练使用哪种语言？

（   ）壮语　　　　（   ）普通话

12. 您认为哪种语言更好听？

（   ）壮语　　　　（   ）普通话

13. 您认为哪种语言更便于交流？

（   ）壮语　　　　（   ）普通话　　　　（   ）壮语和普通话

14. 您认为学好哪种语言更重要？

（   ）壮语　　　　（   ）普通话　　　　（   ）壮语和普通话

15. 您认为学好哪种语言的文化重要？

（   ）壮语　　　　（   ）普通话　　　　（   ）壮语和普通话

16. 您认为在本地幼儿园、中小学应该用哪种语言进行教学？

（   ）壮语　　　　（   ）普通话　　　　（   ）壮语和普通话

17. 您认为家庭成员之间应该用哪种语言交流？

（   ）壮语　　　　（   ）普通话　　　　（   ）壮语和普通话

18. 您认为孩子放学回家应该用哪种语言与家长交流？

（   ）壮语　　　　（   ）普通话　　　　（   ）壮语和普通话

19. 您认为在外地打工的亲人或同乡往家里打电话时应该使用哪种语言？

（   ）壮语　　　　（   ）普通话　　　　（   ）壮语和普通话

20. 您认为从外地打工、读书等回到本村后应该使用哪种语言？

（   ）壮语　　　　（   ）普通话　　　　（   ）壮语和普通话

三、语言情感（以下选项仅针对会本族语者）

21. 家人用本族语与您交流，您会感到____。

（ ）高兴　　　　（ ）不高兴　　　　（ ）无所谓

22. 孩子放学回家跟您讲本族语，您会感到____。

（ ）高兴　　　　（ ）不高兴　　　　（ ）无所谓

23. 在外地，有人与您讲本族语，您会感到____。

（ ）高兴　　　　（ ）不高兴　　　　（ ）无所谓

24. 有人向您学习您的本族语，您会感到____。

（ ）高兴　　　　（ ）不高兴　　　　（ ）无所谓

25. 政府鼓励多讲本族语，您会感到____。

（ ）高兴　　　　（ ）不高兴　　　　（ ）无所谓

26. 亲人或同乡外出打工回家后跟您讲普通话，您会感到____。

（ ）高兴　　　　（ ）不高兴　　　　（ ）无所谓

27. 村里人外出回家后只讲普通话，您会感到____。

（ ）高兴　　　　（ ）不高兴　　　　（ ）无所谓

28. 您用本族语与别人交谈，中途对方改用普通话，您会感到____。

（ ）高兴　　　　（ ）不高兴　　　　（ ）无所谓

29. 您与本民族同胞用本族语交谈，在场有人表示反对时，您会感到____。

（ ）高兴　　　　（ ）不高兴　　　　（ ）无所谓

非常感谢您的配合！

2. 对麻栗坡八布乡羊皮寨村村委会主任的访谈

问：何主任，请问壮话是您最先学会的语言吗？

答：啊，我就是最先学会了壮话。

问：您还会说其他的语言吗？

答：汉话我会说，然后，部分苗话我也会说。

问：您的壮语能达到什么水平？

答：这个水平拿什么来衡量呢？基本上达到流利，跟老年人、中年人和小娃娃都能交流，没有任何问题。

问：除本族语外，您还学了什么语言？

答：除壮语外，我又学会"明话"（本地人把汉语方言称为"明话"），然后是部分苗话。

问：普通话是什么时候学会的？

答：开始读书的时候学会的。就是7岁的时候，也就是1997年左右。

问：小学老师是用普通话讲课吗？

答：刚开始的时候，一年级有时候会用壮话，后来呢，二年级后面全部用普通话。

问：学校里会讲壮话的老师多吗？

答：这里有13个教职工，其中有4个就是壮族，他们都会讲。

问：老师课下会与学生讲壮话吗？

答：嗯，有部分学生会讲。因为有部分学生还是难以听懂汉话，也就是普通话。所以，有部分学生还是需要我们用壮话跟他们交流。

问：您爱人也是壮族吗？

答：是。

问：您有几个孩子？

答：两个。

问：他们懂壮语吗？

答：懂！两个都懂！并且小的只有3岁也懂。大的能讲，小的还不行。

问：您觉得孩子们学好哪种语言更重要？

答：首先是本民族语，他本来就是壮族。

问：您觉得孩子学民族语有用吗？为什么呢？

答：有用啊。因为不管是在本地交流还是有时候外出交流，都用得着本族语。

问：您认为语言是一个民族的标志吗？

答：嗯，是。

问：如果孩子的民族语能力退化了，您有什么态度？

答：再教嘛。（笑）

问：您觉得工作的时候用哪种语言方便？为什么？

答：在我们开展工作的时候，还是汉语方便。但是跟壮族开展工作时，我们还是用壮话。

问：你觉得在生活和工作的环境里壮语能发挥多大作用？

答：至少发挥一半的作用吧，因为我们这里基本有一半是壮族。跟壮族就用壮语交流，跟汉族就用汉语交流，他们就会觉得很亲切。

问：你觉得近期内在生活和工作环境中壮语的作用会被别的语言取代吗？

答：这个目前倒不会，但是我们不懂相关的文字，所以这块就给我们带来很大的难题了。

问：年轻人外出打工，回来后还说壮语吗？

答：说，也说呢。

问：您觉得壮族跟外族通婚会对壮语造成影响吗？

答：这个，连续两代以上会有影响。

问：昨天我们在新岔河村里看到一个越南媳妇，她也会讲壮语呢。

答：她们有些嫁过来原本也是壮族。

问：你们的壮话和广南的壮话相同吗？

答：还是有点区别，我们包括这里的驻村工作队，有一个也是广南的，但是他说话我们听得懂。他就是广南的壮族。

问：羊皮寨这边的壮族是属于沙支、侬支还是土支？

答：侬支，侬支系。

问：我们查资料也很难查到。本地人为什么都把自己称为布侬村民？

答：这个我就搞不太清楚了。

问：作为一位壮族，您觉得应该如何保护壮语？

答：开展壮语保护就是两个壮族交谈之间尽量用壮话。两个壮族有些时候打工回来，偶尔呢会与我们讲汉话。建议就是壮族与壮族之间就用壮话交流。这种可能会比较好。

问：您认为家庭教育要重视教本族语吗？

答：我认为应该用壮话教育娃娃。

问：您听过壮语的广播吗？

答：听过。并且壮语广播和壮语歌曲我也听过，但是他们说的有些我也不太懂，大部分还是听得懂。

问：在哪里能听得到壮语的广播？

答：我在广播电视台就听得着，有个专门的壮语播音台。文山就是壮族、苗族自治州，有一个苗族播音员和一个壮族播音员。

问：学校里面是否会偶尔放壮语广播或壮语歌曲？

答：（在）学校里没有听过。

问：在县城，和会讲壮语和汉语方言的朋友在一起，你首选哪种语言与他交谈？

答：首先是用"明话"。如果发现他是壮族，就马上改成壮话。

问：在与不同民族交流的过程中你会面临语言转换的情况吗？

答：有这种情况。

问：你认为语言转换会不会影响你的生活？

答：不影响，反正哪种都可以讲。

问：您周围掌握和使用两种语言的人多吗？

答：多呢。我们村委员会有9个人，其中有4个壮族，他们就说壮话和汉话。

问：他们对这样的生活有什么感觉？

答：跟我感觉一样。见壮族就用壮话交流，见汉族就用汉话交流，很自然。

问：羊皮寨村有汉族使用壮语吗？

答：有。特别是外嫁进来的妇女，她们来了后全部用壮话交流。

问：她们是原来就会还是来到这里才学的？

答：来到这里才学的。因为这里环境的影响。

问：麻栗坡是一个多民族地区，各民族都掌握和使用本民族的语言，是否会影响民族之间的交流？

答：这个不影响。

问：为什么不会呢？

答：因为壮族、苗族和汉族杂居在一起，所以，多语言没有影响。

问：大家好像都会说"明话"，所以交流无障碍。但是，如果他们各自使用本民族话会造成语言纠纷吗？

答：有时候还是会。比如说，我们壮族说话时，有些苗族听不懂，就自以为壮族在说他坏话，或者是相反。所以，他们就要求说大家都懂的"明话"。

问：你觉得多语言并存对少数民族语言的保护有帮助吗？

答：这个我觉得帮助是有的，但作用不是很大。

问：你觉得语言会消失吗？

答：会！在麻栗坡还有一个民族——蒙古族。我不知道他们是否知道自己的语言。这种民族相对来说很少，我估计先消失的就是这种语言。

问：你觉得不同民族间通婚会造成语言的消失吗？

答：这个我认为不会。但像刚才说的，两代以上有可能。两代以上如果都不是壮族，壮话在家里就可能会消失。

问：你觉得需要保护和发展少数民族语言吗？

答：需要，这个太需要了。

问：为什么？

答：因为我们的下一代虽然听得懂一些壮话，但不像我们这么流畅，再下一代可能都不会讲了。这样下去，壮话慢慢会消失。

问：你觉得在日常生活中应该怎样处理好"明话"和壮话之间的关系？

答：碰到壮族说壮话，如果听不懂就翻译成"明话"，或者以普通话的方式翻译给别人听就行。

问：是否希望政府采取措施帮助你们保护壮话？

答：需要。我们壮族礼节特别多，希望能引起政府的重视。比如，壮族的"三月三"对唱山歌这方面与苗族的"插花山"节气一样，希望得到政府的重视。

问：您能为我们介绍一些壮文化吗？

答：壮文化这块呢，首先是过完年以后，壮族的风俗要做一次"祭龙"。壮族很重视"祭龙"。然后再到"三月三"，山歌对唱。有些媳妇就是通过"三月三"的山歌对唱唱来的。然后再到七月初一，比较隆重的还要杀牛来祭拜壮族祖先侬志高（宋代民族起义将领）。我掌握的就是这三个。我们叫"七郎节"。现在还保存着这个风俗。

问："祭龙"前面还有个"扫火星"。

答：我们这边没有。壮族不同地方有不同的风俗。

问：村委会会通过一些具体措施来加强或保护壮语吗？

答：这个我们就做得不到位了。我们通过微信，想把全县所有壮族集中在一个群，现在群里面有480多个人，主要是八布乡的。我们成立了一个协会得到了县委、县政府的支持。

作者访谈羊皮寨村委会主任(2019年1月,摄于羊皮寨村)

后 记

  云南是中国少数民族种类最多的省份，除汉族以外，人口在6000人以上的世居少数民族有25个，其中，壮族仅在云南文山壮族苗族自治州就居住着100多万人口。作为土生土长在云南的少数民族，作者亲身体验到随着城镇化进程的加快，很多少数民族的文化和语言逐渐萎缩、蜕变，即使壮族作为中国人口最多的少数民族，也正面临着同样严峻的考验，其悠久的历史和灿烂的文化如何在全球化浪潮中得以保护和维系，其民族如何在对汉文化的渴求和趋同中继续保持对本族文化的认同和热爱，值得深思。

  在深思中，作者有幸走进麻栗坡，来到"老山英雄连"驻地，怀着对英雄的深深敬意，凝视着石碑上镌刻的《望星空》《热血颂》《十五的月亮》和《血染的风采》等当年传唱的经典歌曲，瞻仰着电影《高山下的花环》里主人公的原型雕像，不禁心潮彭拜，一种"做点什么"的感怀油然而生。在感怀中，作者有幸接触"语言生态学"，审视着联合国教科文组织完成的"全球濒危语言分布图"，沉浸在"语言消失的速度远超动物的灭绝速度"的观点中，一个课题设想逐渐萌发。在设想中，作者有幸受邀到麻栗坡布侬村民的村寨，穿着传统的壮家服饰、品着独特的壮家饭菜与热情朴实的布侬村民促膝交谈，在朝夕相处中，对少数民族文化和语言保护的天然认同感愈发强烈。于是，伏案读文，对国内外相关研究的学术史进行梳理，对相关研究动态进行观测，终于获得云南省哲学社会科学规划项目立项，把设想化为现实，把所思所想、所见所闻付诸文字。由此，本书初具雏形。

  在从雏形到出版的过程中，本书得到来自不同领域的支持，得到诸多同事、朋友和家人的帮助，值此文稿付梓之际，谨以"后记"鸣谢此番恩情。

一方面，感谢云南省哲学社会科学学术著作出版专项经费资助，为本书出版提供了学术指导与经费支持；感谢光明日报出版社通过论证与评审，使本书入选《光明社科文库》的推荐项目；感谢调研中，麻栗坡民宗局、新岔河村民委员会、羊皮寨村民委员会、麻栗坡民族中学、麻栗坡盘龙小学、羊皮寨小学等的鼎力支持。

另一方面，感谢云南民族大学博士生导师，原中国泰语教学研究会副会长、云南省人民政府原参事杨光远教授在百忙之中为书稿进行专业点评，序言字里行间浸透着对作者的理解和对本书的肯定与鼓励。感谢项目申报与完成中，项目组成员的支持与付出；感谢调研过程中，麻栗坡新岔河村和羊皮寨村乡亲们的热情帮助和大力支持。感谢发音人沈才辉老人和沈兴平耐心而一丝不苟的录音；感谢羊皮寨村委会党总支书记何东接受访谈并给予支持。同时，感谢为本书提供帮助的廖颂德，感谢不远千里、跋山涉水参与田野调查的沈兰优、曹运迪、徐治国、陈宇帆、张钊凯、曹馨月、徐小琪。感谢云南民族大学2016级壮语班何万松提供的麻栗坡壮语的语料，以及参与本书校对工作的李兴第、王小林、冉霞敏等成员。在调查过程中，拍照前已征得被拍照人的同意并支持用于研究成果，在此一并致谢。

本书以文山麻栗坡壮族布侬支系为调查与研究对象，旨在为少数民族文化与语言的保护尽一份力，但囿于笔者的视野与所学浅陋，难免有很多疏漏之处，恳请专家、读者和同行们的批评指正。

2022年10月